L'ANTIPATRIOTISME DEVANT LE SÉNAT

GEORGES CLEMENCEAU

L'Antipatriotisme
DEVANT LE SÉNAT

Discours prononcé le 22 Juillet 1917

Édition de "L'Homme Enchaîné"

PARIS
LIBRAIRIE PAYOT ET Cie
106, BOULEVARD SAINT-GERMAIN, 106
1917

L'ANTIPATRIOTISME
DEVANT LE SÉNAT

Discours prononcé le 22 Juillet 1917

PAR

M. G. CLEMENCEAU

M. le président. — La parole est à M. Clemenceau.

M. Clemenceau. — Messieurs, sans aucun préambule, je prends la suite des nobles et belles paroles que vous venez d'entendre. M. le ministre de la guerre s'est trouvé au cœur même de mon sujet.

Le dernier quart d'heure

Les derniers mois, les dernières semaines de la guerre, a-t-il dit, seront probablement les plus durs. Voilà une parole à méditer pour nous préparer à soutenir l'épreuve qu'il nous annonce. Les Japonais disent que le vainqueur est celui qui peut croire un quart d'heure plus longtemps que l'autre qu'il sera vainqueur. Eh bien ! il faut que nous parcourions ces derniers mois, ces dernières semaines dans les mêmes conditions que les premiers temps de la guerre.

M. Charles Riou. — Très bien !

M. Clemenceau. — Ah oui ! il faut prononcer les mots difficiles, et, quand on les a prononcés, avoir le courage de les réaliser. (*Très bien !*) Il faut que la

France ne soit qu'une, avez-vous ajouté, que l'armée soit réunie en un bloc. Sans les interruptions, vous auriez ajouté encore : « ...le front et l'arrière, et toute la France ».

M. Réveillaud. — Il faut que le Parlement, lui aussi, fasse bloc avec la nation.

M. Clemenceau. — Je supplie qu'on me laisse parler sans interruption. Ma tâche est difficile parce que nous sommes tous d'accord, à commencer par le ministre que j'interpelle. (*Rires*.) Parfaitement. Je citerai le moins de documents possible, mais je pourrai vous lire les instructions qu'il donne et qui sont conformes à tout ce que je peux demander, à tout ce que vous pouvez souhaiter.

La Faïlle

Si je suis à cette tribune pour le contredire, c'est apparemment qu'il y a une faille quelque part et, cette faille, il n'est pas facile de la découvrir lorsque tous les pouvoirs des ministères se combinent pour vous en empêcher. Je supplie donc mes collègues, qu'ils m'approuvent ou me désapprouvent, de vouloir bien me laisser suivre ma pensée.

Je le ferai en évitant toute personnalité. Je ne vise aucun but politique et n'en veux viser aucun. Je vais voter l'ordre du jour de confiance au Gouvernement si l'on m'en donne les moyens; j'ai applaudi à l'excellent discours de M. Painlevé et j'applaudirai aux déclarations certainement excellentes que fera M. le président du conseil, si j'en juge par ce qu'il a dit à la Chambre... Il me permettra de l'approuver dans ses discours à la Chambre et je ne crois pas l'offenser en le lui disant.

Mais si, cependant, il y a des points — celui dont vous venez de parler sans le vouloir, monsieur le ministre de la guerre — des organisations d'administration, de Gouvernement et de guerre, où il y a eu des frictions, des organes qui marchent mal, des coincements, des cris, des douleurs, des révoltes, des mouvements qui peuvent nous inquiéter, nous tous, Français qui sommes ici, nous ne devons point les passer sous silence. Hier, Kerensky a eu le courage de dire ce qui était arrivé sur le front russe. « Il y a eu des mutineries, a-t-il dit, des régiments ont passé à l'ennemi, drapeaux en tête, et le front russe a reculé. » Ce n'est rien ; la Russie s'est reprise ; elle a à sa tête un homme de gouvernement.

Je viens donc tout de suite au cœur de mon sujet.

La Méthode de M. Malvy

Cette discussion n'est que le prolongement d'un débat qui a eu lieu entre M. le ministre de l'intérieur et moi lors d'un de nos derniers comités secrets. Je suis monté à cette tribune; j'ai apporté trois documents : d'abord une instruction de M. le ministre de l'intérieur ordonnant à ses préfets de poursuivre avec la dernière rigueur tous ceux qui feraient de la propagande, je ne veux pas dire pacifiste, ce n'est pas le mot, mais de la propagande antipatriotique en France. Cette circulaire était excellente. Je l'ai complètement approuvée. J'ai, en même temps, apporté deux autres documents : le premier était un rapport d'un préfet qui demandait à poursuivre un acte de propagande déterminé, l'autre une note de M. le Ministre de l'intérieur qui lui en refusait le droit.

J'ai demandé à M. le ministre comment il pouvait concilier des ordres de poursuivre avec des interdictions de poursuivre et, malgré toute sa subtilité, il n'a pas pu concilier ces deux choses. (*Rires*). Voilà sept ou huit mois qu'il ne les concilie pas davantage, pour ne rien dire de plus.

Que m'a-t-il donc répondu ? Il m'a répondu : « Je ne veux pas porter la main sur les organisations ouvrières. » C'est bien là votre réponse, monsieur le ministre ? (*M. le ministre de l'intérieur fait un signe d'assentiment.*) Nous avons répliqué : « Comment pouvez-vous faire insulte aux organisations ouvrières, dont les vrais représentants sont dans la tranchée (*Très bien ! très bien !*), en les confondant avec des misérables qui écrivent des choses dont je vais donner lecture tout à l'heure et qui feront facilement l'unanimité parmi nous ? Comment pouvez-vous prétendre que vous ne voulez pas toucher à ces hommes parce que ce sont des représentants de la classe ouvrière ? »

M. le ministre de l'intérieur, dans sa parfaite franchise, nous a dit : « J'ai interdit de faire des perquisitions dans les bourses du travail », et j'ai répondu :

— Comment voulez-vous jamais mettre fin à la propagande antipatriotique, s'il y a, comme pour les églises, au moyen âge, des lieux d'asile où elle puisse s'instituer avec certitude de n'être jamais poursuivie ? *(Très bien ! au centre.)*

Notre conversation en est restée là. C'est celle qui va être continuée.

M. le ministre m'a répliqué. — Je ne parle pas de la réplique de tribune. — M. le ministre a mis quelques mois à me faire connaître ses répliques. Il y en a eu trois : une qu'on essaiera peut-être d'apporter à cette tribune. Je commence par la repousser et j'avertis M. le ministre que je ne le suivrai pas sur ce terrain.

Nous avons tous reçu un journal où je suis personnellement vilipendé sur la manière dont j'ai compris le respect de la République dans certaines opérations de grève. Vous pensez bien que je ne viens pas me défendre. Ce n'est pas moi qui suis interpellé, ce n'est pas moi qui suis au Gouvernement.

J'ai fait ce que j'ai cru devoir faire, et je crois que ce n'était pas si mal, puisque, quand je suis venu devant la Chambre, j'ai eu le plaisir d'avoir votre voix, que je ne vous avais pas demandée. *(Rires.)*

Je n'insiste pas. Je ne suis rien du tout. Je suis un vieillard qui arrive à la fin de sa vie politique et qui a cette chance extraordinaire, au moment où il n'a plus rien à espérer, à attendre, ni presque à regretter, d'avoir combattu bien ou mal, poursuivant son idéal, essayant toujours de se limiter et à droite et à gauche, en se garant de la timidité et de la surenchère. *(Applaudissements.)*

Je me suis trompé. C'est possible ; c'est même probable ; c'est même sûr.

Nous sommes tous faillibles. Ce n'est pas la question.

M. Félix Chautemps. — C'est très vrai.

La seule question : la Guerre

M. Clemenceau. — Je savais que cette guerre viendrait. Je l'ai annoncée mille fois. J'ai averti tous mes concitoyens. Je ne croyais pas la voir, et je m'en allais content de ne pas l'avoir vue.

Elle est venue ; comme vous tous, j'ai passé là les trois années les plus poignantes de ma vie. Croyez-vous que je fais de la politique pour le plaisir d'être à mon banc et de prononcer des discours à cette tribune? Cela, je n'ai jamais commencé à le faire, et, dans tous les cas, ce serait fini maintenant.

Ce n'est pas de cela qu'il s'agit. Il s'agit de ce qu'a dit M. le ministre de la guerre : je me cramponne à vous, monsieur le ministre ; je vous tiens et ne vous lâcherai pas. Vous me servirez d'arme contre votre collègue du cabinet.

La question, vous l'avez posée de la seule manière possible. Nous sommes en guerre ; mais il ne s'agit pas des anciennes guerres, pas même des guerres modernes. Le monde entier se bat. Les neutres espionnent, trahissent. Les combattants se font tuer d'une façon prodigieuse, comme cela ne s'est jamais fait.

Il y a quelque part, près de Verdun, un immense trou d'obus, grand comme la moitié de cette salle, dans lequel deux hommes sont enterrés, enfoncés l'un dans l'autre, le Français les dents sur le Boche ; ils sont là dans leur trou comme le symbole de cette guerre. Derrière eux il y a le monde civilisé. La vie du monde entier se joue : tout ce que l'homme a voulu, tout ce qu'il a espéré, tout ce qu'il a essayé d'atteindre va lui être arraché. (*Vifs applaudissements.*)

C'est le plus grand événement de la vie du monde. Nous en avons les joies, nous en avons les douleurs. Quand la guerre a commencé, j'ai cru que l'union pouvait se faire sans récrimination entre les Français. Je l'ai dit ; j'ai dit que je n'avais plus d'ennemi.

A quelques mois de là je récriminais, je protestais, j'étais de l'opposition. Pourquoi? Au moins, accordez-moi la faveur de penser que, dans mon désintéressement, je n'avais pas grand mérite.

Un mouvement d'idéalisme me faisait croire que, peut-être, dans un temps assez rapproché, toute la France pouvait se jeter sur l'Allemagne, avec l'Angleterre, et remporter une victoire immortelle qui aurait dépassé tout ce que les fastes de l'histoire ont enregistré de plus beau. Cela ne nous a pas été donné. Les Allemands étaient trop préparés et nous ne l'étions pas assez. (*Très bien !*)

Une organisation de tous les moyens sans l'honneur; l'honneur, tout l'honneur, sans une organisation suffisante des moyens, voilà la vérité ! (*Nouveaux applaudissements.*)

Tous les peuples sont venus, et l'Amérique arrive, longue à venir, mais elle viendra. Elle viendra non pas avec des armées préparées, avec ces vieilles armées de l'histoire qui ouvraient des tranchées au son du violon et qui, sous les balles, sous les boulets, donnaient des sauteries, des danses.

Non, non !... Ce sont des peuples qui se jettent les uns sur les autres pour en finir avec la barbarie, pour en finir avec la sauvagerie ! *(Très bien ! très bien !)*

On fera le gouvernement qu'on voudra, les hommes se gouverneront comme ils l'entendront, ils se tromperont, ils commettront encore des crimes, c'est la fatalité de l'humanité ; mais, au moins, il y aura un cadre de droit, de liberté, de justice, d'honneur, de respect de soi-même, de respect de l'humanité *(Vifs applaudissements)* qui fera que l'humanité deviendra telle que l'homme qui travaille paisiblement à son foyer, pour faire vivre sa femme et ses enfants, ne sera pas, chaque jour, exposé à appendre tout à coup qu'une dépêche vient de traverser les airs et lui dit : « C'est la guerre, prends ton fusil, va te faire tuer. » C'est horrible !... *(Nouveaux applaudissements.)*

Toute la Paix !

Ah ! ils sont pacifistes, ces messieurs... Pacifistes, oui, avec des bombes : on vous lira tout à l'heure le dossier de ces pacifistes que M. Malvy reçoit dans son cabinet ; il a ce dossier, je l'ai aussi... Ils ont été parfaitement condamnés pour fabrication d'explosifs. Non, ce n'est pas cette paix qu'il nous faut ; nous voulons la paix intérieure et la paix au dehors, nous voulons toute la paix. *(Très bien ! très bien ! Vifs applaudissements.)*

Eh bien ! qu'est-ce que M. Malvy m'a répondu ? Je laisse les journaux qu'il fait distribuer parmi nous, je n'y réponds point. Il a dit à ses amis — car cela m'est revenu de tous les côtés immédiatement — : « Ah ! ah ! moi je n'ai pas voulu appliquer le carnet B ; Clemenceau m'a conseillé de l'appliquer... » — je vous dirai tout à l'heure ce que c'est que le carnet B — « Si j'avais écouté Clemenceau, j'aurais arrêté les anarchistes, et la mobilisation, qui a été un grand succès, se serait passée dans les coups de fusil. » Il ne m'a pas fait cette réponse directement. Puisqu'il était venu me consulter, il aurait pu me faire l'honneur de me rendre visite à nouveau pour me dire pourquoi il n'avait pas suivi le conseil que je lui avais donné.

Il a fait une autre réponse. Il a amplifié devant la Chambre la réponse qu'il avait faite au Sénat, il a déclaré que toutes les grèves qui avaient eu lieu depuis le commencement de la guerre étaient d'ordre purement économique. Je vous montrerai, tout à l'heure, ce qu'il en est. Il ajoutait, enfin, qu'il fallait respecter la classe ouvrière dans ses formations syndicales ; et, bien qu'il ne l'ait pas dit, il fallait nous attendre à ce que les formations syndicales pussent être un asile impénétrable à la justice française, puisqu'elle devait s'arrêter à leur seuil.

Le Carnet B

Je commence par le carnet B, sur quoi je suis en défense, parce que, contrairement à ce qui devait arriver, c'est moi qui suis l'interpellé. C'est moi que M. Malvy visait, lorsqu'il a fait à son ami Almereyda, du *Bonnet Rouge* (*Rires*), la confidence que je viens de vous rapporter, car ce M. Almereyda est un de ceux de qui je la tiens, par l'intermédiaire de son journal. Je n'ai pas l'honneur de le connaître autrement. (*Nouveaux rires.*)

Quant à l'autre question, dans la dernière séance de la Chambre, j'ai peut-être été légèrement interpellé.

Un des principaux orateurs a même fait un petit article pour me demander si j'avais entendu parler du carnet B. Je crois bien ! Le carnet B est un carnet...

— Je ne l'ai jamais vu, mais je sais qu'il existe, et souvent, quand j'étais au ministère de la place Beauvau, le directeur de la sûreté m'en a parlé. — C'est un carnet sur lequel on inscrit les noms des hommes qui pourraient être dangereux, non seulement au jour de la mobilisation, comme M. Malvy a eu l'air de le croire, mais pendant toute la durée de la guerre. S'ils ne réussissent pas à faire, au moment de la mobilisation, le mal qu'ils projetaient de faire, ils en sont quittes pour remettre cela à un peu plus tard : voilà de quoi M. Malvy ne s'est pas avisé.

Pour vous montrer d'un coup où peuvent nous mener les résolutions à prendre à l'égard de cette sorte de gens, je veux me borner à constater qu'il y a en France une catégorie d'individus qui se disent antipatriotes.

Etant donné le cabotinage — qui n'est pas exclusif à la politique, quoi qu'on en dise (*Rires*) — étant donné le cabotinage de certains milieux, on pourrait croire que c'est une espèce de cocarde, de plume au chapeau que ces gens se mettent pour se faire distinguer, comme il est arrivé à l'un d'eux, qui, en un tour de main, après avoir fait la pire propagande antipatriotique, a prétendu défendre la patrie contre nous-mêmes.

Messieurs, il faut que vous sachiez quelle sorte de position ces gens prétendaient occuper, ce qu'ils ont dit, ce qu'ils ont fait, ce qu'ils ont projeté.

Ceci remonte loin ; je ne veux pas vous faire un cours d'histoire, je ne donnerai des citations que dans la plus faible mesure possible, mais il m'est nécessaire d'en donner pour faire comprendre exactement où nous en sommes et comment cette question se pose.

Vous avez entendu parler du *Sou du Soldat*, de cette organisation qui, sous prétexte de distraire les soldats à la caserne, les emmenait dans des réunions où on leur prêchait l'antipatriotisme.

Vous avez entendu parler du *Manuel du Soldat*, tiré à 185.000 exemplaires, dont l'auteur, M. Yvetot, fut poursuivi devant les assises de la Seine — car, en ce temps-là, on poursuivait — et acquitté le 30 décembre 1903. Il contenait des passages comme celui-ci :

« Tant que cette religion imbécile de la patrie continuera à nous être imposée, nous serons ses esclaves. La patrie n'est qu'un mot ; l'armée n'est pas seulement l'école du crime, c'est l'école du vice, de la fourberie, de la paresse et de la lâcheté ! »

M. Charles Riou. — Il a été acquitté, naturellement !

M. Malvy et les " Lois scélérates "

M. Clemenceau. — On l'a poursuivi, et savez-vous qui, à une époque, poursuivait le plus sévèrement ? C'était le ministre de l'intérieur actuel, M. Malvy. Il était, alors, sous-secrétaire d'Etat au ministère de l'intérieur, dans le cabinet Caillaux.

Le 6 juillet 1911, le gouvernement, en vertu des lois

de 1894, dites « lois scélérates », ordonnait des perquisitions au siège de la chambre syndicale de la maçonnerie. M. Malvy n'avait pas, en ce temps, les scrupules qui lui sont venus depuis sur les organisations syndicales. Il perquisitionnait très bien. Des poursuites furent intentées contre les trois dirigeants de cette organisation.

Je fais observer à M. Malvy que je suis plus libéral que lui, car, si j'ai fait condamner son ami Almereyda à deux ans de prison et Hervé à presque autant, j'ai donné pour ordre, en arrivant au ministère, de ne pas poursuivre au nom des lois de 1894, pour la raison que le gouvernement se trouvait suffisamment armé et n'avait pas besoin de lois d'exception. Je l'ai prouvé en mettant ces gens-là en prison. Et je vois que M. Malvy partageait mon sentiment. Mais, alors qu'il pouvait poursuivre en vertu des lois de droit commun, il n'a pas hésité à s'adresser aux lois scélérates. Cela atténue un peu les principes de libéralisme et de générosité, à l'égard de ces individus, dont il fait preuve aujourd'hui.

M. Almereyda

J'ai nommé M. Almereyda. J'ai ici le dossier de la sûreté. Je pense que M. Ribot ne le connaît pas ? S'il a jamais envie de le connaître, je mets mon exemplaire à sa disposition. (*Hilarité.*)

Il est plus sûr que celui du ministère de l'intérieur, où il y a souvent des feuilles arrachées. (*Nouveaux rires.*)

Messieurs, comme je vais être obligé de revenir sur M. Almereyda, à propos du carnet B, je ne vous lirai pas ce dossier, où figurent des condamnations d'une très grande étendue et pour des raisons très variées. (*Sourires.*) Il est évident que M. Almereyda n'a pas eu une vie ordinaire et il continue ; mais lui aussi a des principes. Il pose la question d'une manière très nette, qui ne permet pas un moment d'hésitation. Voici ses principes :

Daté de 1907. — 11 mai. Dans une conférence antimilitariste, à Reims, sur le sujet « Patrie et Caserne », M. Almereyda s'exprimait ainsi :

« Actuellement, notre propagande doit se traduire par des actes sérieux. En cas de guerre, il faut prendre l'engagement de ne pas marcher. Les prolétaires ne doivent pas se borner à dire : « Nous ne marchons pas. » Ils doivent faire en sorte de jeter la perturbation. Les femmes, les enfants, les vieillards, les adultes doivent se rendre dans les gares pour empêcher le départ des conscrits et conseilleront aux réservistes de ne pas rejoindre.

« Tout citoyen doit être antipatriote : il doit lui indifférer d'être Allemand ou Français. » (*Rumeurs.*)

Cela est clair et pourra me dispenser de beaucoup de citations.

Comment l'auteur de ces paroles a-t-il pu trouver accès amical dans tous les départements du ministère de l'intérieur ? Ce qui est certain, c'est qu'il y a été constamment reçu, et je puis vous donner cette information, connue une demi-heure après, qu'avant-hier matin il était dans le cabinet de la sûreté, à une heure que je pourrais préciser, si je perdais mon temps à chercher dans ma poche. (*Rires.*)

Vous allez voir revenir M. Almereyda dans l'affaire du carnet B. ; car, lorsque M. Malvy me faisait l'honneur de venir me voir, j'ai bien appris par la suite que c'était un peu dans l'intention de semer et, au besoin, de faire fleurir quelques-unes de ses responsabilités sur le paillasson de mon escalier. (*Rire général.*)

Il y avait cependant, chez lui, une très grande part de sincérité. Je dois rendre cet hommage à ses hésitations, à son trouble, et je suis évidemment sûr qu'à ce moment aucune décision n'était prise, pas plus avant qu'il vînt me voir qu'après sa visite, ainsi que je le disais tout à l'heure.

Mon attention a été appelée — c'est un hasard qui avait mis cet article du *Bonnet Rouge* dans ma main, parce que je n'y suis pas abonné (*Rires*) — sur un article intitulé : « Vive le Cabinet ! » Il a piqué ma curiosité. M. Almereyda célébrait le cabinet, parce que M. Malvy en faisait partie, et il se vantait même de l'y avoir fait entrer !

Il avait écrit un article où il déclarait que M. Malvy était indispensable au gouvernement de la France, à son point de vue (*Nouveaux rires*), et qu'un cabinet ne pouvait être formé sans M. Malvy.

Un sujet de conversation

Bref, M. Malvy est ministre, M. Almereyda s'empresse d'écrire que tout va bien marcher. Il n'ose pas dire absolument que c'est à lui qu'on le doit, mais il ne s'en faut pas de beaucoup. (*Sourires.*) On comprend donc qu'aussitôt après, il se soit hâté d'aller voir M. Malvy pour lui parler du carnet B. Voilà un sujet de conversation tout trouvé. (*Rires.*)

Je ne vous ai pas dit ma réponse à M. Malvy. Je vous avoue qu'elle n'est pas inscrite en lettres d'airain dans ma mémoire. (*Sourires.*) Mais M. Malvy me rectifiera si je me trompe, et la position que je vais prendre à l'égard du carnet B vous montrera que cela n'a aucune importance quant au récit que je vais faire.

Je me souviens qu'au moment où M. Malvy partait, il m'a dit : « Vous pensez probablement qu'il faut faire fonctionner le carnet B ? »

A-t-il dit : « faire fonctionner » ou « arrêter » ? Cela importe peu. Il m'a dit ces mots sous la forme d'une interrogation, au moment où il s'en allait. J'étais debout, j'en suis certain, je me levais de ma chaise. Je lui ai presque sûrement répondu : « Je ne crois pas qu'on puisse faire autrement. »

Quand on se trouve en face de gaillards qui écrivent ce que j'ai montré tout à l'heure, il faut garder tous les points stratégiques, les gares, les frontières, les endroits déterminés d'avance, car il suffit d'un de ces messieurs qui n'ont pas de patrie et ne veulent pas qu'on aille se battre, pour troubler toute la mobilisation. *(Très bien !)*

Les gouvernements sont donc excusables, et M. Malvy le reconnaît certainement, puisqu'il a agi comme j'ai agi moi-même, quand j'étais ministre, je veux dire qu'il a inscrit au carnet B les noms des gens susceptibles de se livrer à ces actes répréhensibles, pour aviser, une fois l'état de siège proclamé, selon ce que les événements pourraient commander. Si M. Malvy a cru, comme Almereyda, — je demande pardon de cette familiarité, mais c'est plus commode (*Rires*) — si M. Malvy a cru que l'on était obligé d'arrêter tous ceux qui sont inscrits dans le carnet B, par principe, sans rime ni raison, il s'est trompé. Il ne s'est jamais agi de cela.

Tous ces gens étaient inscrits afin que l'on revisât leurs dossiers au jour le jour ; il fallait savoir ceux qui s'étaient amendés, ceux qui s'étaient remis au travail, ceux qui étaient rentrés dans l'ordre et ceux qui, au contraire, persévéraient. Dans ce carnet, on entre et on sort, comme dans un ministère. (*Hilarité générale.*)

Le plus curieux, c'est que M. Malvy a fait fonctionner ce carnet sans le savoir. Comme il sait rarement ce qui se passe dans son ministère, ce n'est pas étonnant. (*Sourires*).

Mes principes sur le carnet B, je ne veux pas les dire à M. le ministre de l'intérieur ; mais l'homme du plus médiocre bon sens sait qu'il faut y ajouter et en retrancher, car il y a tout un ensemble à surveiller. Je ne suis pas ministre. Je me tiens bien tranquille dans ma chambre. Je vois arriver M. Malvy ; je lui donne une poignée de main, et alors il me demande ce que je ferais. Ensuite il s'en va, et je serais responsable ?

Dans ce carnet figurent 6,000 individus. Il faudrait peut-être en retirer 1,500. Mon sentiment est que, si l'on arrêtait et si l'on poursuivait légalement une quinzaine d'individus, pas davantage, tout le reste pourrait être en paix. C'est devant ces quinze individus que le Gouvernement recule. (*Mouvements divers.*).

Ah ! je le prouverai ! qu'on ne me fasse pas de dénégations, qu'on ne m'oblige pas à dire plus que je n'ai résolu de dire à cette tribune, sinon je demanderai un nouveau comité secret !

Je ne monte pas à cette tribune pour mon plaisir. A mon âge, on a peur d'être écrasé par sa cause. (*Non ! non !*) Si l'on n'obtient pas le résultat qu'on cherche, on craint de rentrer chez soi désolé, en se disant : « Je ne suis plus bon à rien ; je ne puis plus rendre aucun service à la patrie, il faut que je m'en aille ». (*Vives dénégations.*)

J'ai cherché à situer les questions et les hommes. Il ne s'est jamais agi de coffrer 1.500 ou 2.000 individus sans savoir pourquoi, ni d'en faire un bloc sans choisir.

La police est la police : elle a ses dossiers, ses informations ; elle doit se guider là-dessus.

Mais tandis que nous avions cette conversation, fort agréable d'ailleurs pour moi, et dont vous voyez que j'ai gardé un bon souvenir (*Sourires*), il y a quelqu'un qui s'occupait aussi de la question : c'était Almereyda. Je n'ai jamais vu le carnet B, mais ce serait à désespérer de Dieu et des hommes, si M. Almereyda n'était pas sur le carnet B. Il y était, et il le savait bien ; il savait aussi que l'homme qui détenait le carnet B était celui dont il venait de célébrer l'arrivée au ministère. Alors, vient un long compte rendu. Je ne veux pas vous lire tout l'article, c'est dommage ! Si vous pouvez vous procurer ce numéro, je vous engage à l'acheter, cela vous fera passer un bon moment. *(Lisez ! Lisez !)* C'est le numéro du *Bonnet Rouge* du 31 octobre 1915 ; je vais vous en lire deux ou trois passages.

M. Almereyda, lui aussi, comme M. Malvy, a ses opinions sur le carnet B ; il espère bien qu'elles vont se trouver conformes à celles de M. Malvy. Voici ce qu'il écrit :

" *J'allai voir Malvy* "

« J'allai voir Malvy ». — Il dit « Malvy ». *(Rires)* — « Je lui dis : « Que faites-vous avec le carnet B ? ». Et Malvy me dit : « Ah ! je suis bien content que vous me parliez de cela ! » *(Nouveaux rires.)*

Ma foi, il n'y avait pas de quoi être si content de parler du carnet B à un inscrit du carnet B !

« C'est ma préoccupation la plus vive. »

« Je lui dis... » — « je », c'est Almereyda — « il ne faut arrêter personne. » — C'est le mot d'ordre, il a été obéi.

« Si vous arrêtez les militants de la classe ouvrière... »

Voilà, messieurs, l'argument de M. Malvy : les anarchistes, ces gens qui vous disent qu'ils n'ont pas de patrie, qu'il faut empêcher les soldats de partir pour la frontière, qu'il faut que le non-patriotisme entre en action, sont les mêmes qui se déclarent les militants de la classe ouvrière.

Vous pourrez chercher dans le dossier de M. Almereyda : il n'a jamais été ouvrier de sa vie. On croit qu'il a été, pendant une semaine ou deux, apprenti photographe *(Rires.)* Cela ne suffit pas pour faire un ouvrier.

« Les militants de la classe ouvrière ! » Alors je compris, moi innocent, pourquoi ici, à cette tribune, M. Malvy m'a dit : « Vous allez porter la main sur la classe ouvrière. »

C'est la théorie des anarchistes, et cela pour une raison bien facile à comprendre. Si les antipatriotes faisaient une organisation d'antipatriotisme, il n'y viendrait personne. Alors que font-ils ? Ils entrent, sous couleur d'intérêt corporatif, ayant un métier plus ou moins vague, dans une organisation ouvrière. (*C'est vrai !*)

Et, lorsque nous voulons les poursuivre, on dit : « Vous attaquez les corporations ouvrières. » Moi je réponds : « Je veux les défendre ! » Ils se font des corporations ouvrières un bouclier (*Très bien !*), mais un bouclier pour ceux qui ne veulent pas regarder au delà, et je suis de ceux qui, surtout dans la situation où nous sommes aujourd'hui, prétendent qu'il faut regarder au delà. De cela, les preuves abondent, j'en ai partout. Alors, nous enregistrons au passage cette bonne réponse de M. Almereyda : « Si vous arrêtez les militants de la classe ouvrière, c'est l'obligation pour notre presse de vous attaquer. »

Ah, ah ! cela devient grave, on attaquera Malvy (*On rit*) s'il ne défend pas les intérêts de la classe ouvrière.

« C'est le groupe parlementaire socialiste contre vous. » — C'est une calomnie — « C'est la France coupée en deux. »

Pour m'expliquer tout de suite, à propos des organisations ouvrières et des antipatriotes, je viens de vous montrer ceux-ci entrant dans des corporations pour s'en faire un bouclier et partout à l'action, comme je vous l'ai indiqué tout à l'heure ; mais en rendre les corporations responsables, ce serait une folie : la corporation ouvrière n'en est pas plus coupable que la Chambre ne peut l'être des exclamations de M. Brizon, par exemple, malgré les excentricités duquel nous demeurons en faveur du régime parlementaire, de même que, malgré la présence d'antipatriotes dans les organisations ouvrières, nous demeurons les plus fermes soutiens de ces organisations. (*Très bien !*)

M. Chéron me rappelait l'autre jour que je suis le premier à avoir déposé un projet de loi sur les syndicats professionnels. J'avoue que je l'avais oublié ; je m'en vante d'ailleurs, mais je me vante surtout de pouvoir affirmer que jamais je ne songerai à porter atteinte à la patrie : je la mets au-dessus de tout. Ce point écarté, je ne crois pas faire beaucoup de concessions à mes adversaires en disant qu'il ne faut toucher en rien aux libertés des syndicats ouvriers. (*Très bien ! très bien !*) C'est la raison d'être de la démocratie. La démocratie, c'est le gouvernement du peuple par lui-

.même. Il faut bien dire que lorsque nous décrétions la démocratie, en la créant sur du papier, nous ne lui donnions pas la vie. .

Il faut que l'éducation des hommes se fasse ; elle n'est possible que par la pratique. Nous avons le devoir de leur assurer la liberté contre les envahissements du pouvoir, mais aussi contre ceux de l'anarchie. *(Applaudissements.)*

Tout cela est superflu. Je suis attristé qu'on nous oblige à protester contre les intentions qu'on nous prête à l'égard de la liberté des syndicats ouvriers. Qui est-ce qui a jamais parlé de cela ?

M. Malvy est allé dire à la Chambre : « Nous ne mettrons pas des troupes dans les rues. »

Qui a réclamé cela ? On a pu croire que cette demande avait été faite au comité secret, qui venait justement d'avoir lieu.

Or, on n'en a pas parlé, on n'en a pas dit un mot. Jamais nous ne permettrions pareille chose.

Vous voyez, messieurs, que, chemin faisant, nous recueillons cependant un certain nombre d'indications assez intéressantes sur la façon dont le carnet B a été mis de côté. Nous en verrons les résultats tout à l'heure.

Je vous assure, messieurs, qu'en entrant dans ces détails, je n'ai d'autre pensée que celle de rendre service à mon pays. *(Très bien ! très bien !)*

Je ne proposerai pas de vote contre le Gouvernement. Je vous dirai comment je conçois l'issue de mon discours, mais je ne viens faire en aucune façon un acte politique. Je l'ai dit à M. Ribot avant-hier dans les couloirs : « Vous êtes de tous les Gouvernements, depuis le commencement de la guerre, celui qui m'inspire le plus de sympathie. » Je l'ai dit, je l'ai écrit, je suis prêt à le redire. *(Applaudissements.)*

Nous avons été pendant très longtemps à penser de façon très différente.

Permettez-moi de vous féliciter, monsieur le président du conseil, d'avoir fait quelques pas vers nous ; il est possible que, conscient ou inconscient, j'en aie fait quelques-uns vers vous. L'homme absurde est celui qui ne change jamais. Ce n'est pas de façon ironique que je parle en ce moment, c'est dans la sincérité de mon âme.

M. Ribot, *président du conseil.* — Je le crois.

M. Clemenceau. — Voulez-vous que je vous dise ce

que je voudrais? Ce jour serait le plus beau de ma vie si, en descendant de cette tribune, j'entendais M. Malvy, qui n'a pas à se plaindre de la République, venir ici nous dire : « Messieurs, je me suis trompé, j'ai commis des erreurs, mais dans les conditions actuelles, je crois que je ne puis plus continuer ma tâche. » *(Rires et applaudissements sur un grand nombre de bancs.)*

Il n'y aurait là rien que d'honorable pour lui. *(Nouveaux applaudissements.)*

Je ne prétends pas que l'attitude contraire ne soit pas aussi honorable. M. Malvy a droit à sa liberté, mais je vous dis mon ambition.

L'Ambassadeur des Anarchistes

Je reprends ma lecture :

« Vous avez raison, me dit M. Malvy, mais si je n'arrête personne, si je fais confiance à tous ces enfants terribles de la démocratie et que, demain, j'aie une bombe ici, des sabotages ailleurs, quelle responsabilité ! On n'a plus qu'a me coller au mur. »

Le directeur de la sûreté est intervenu. « Un seul milieu échappe, dit M. Richard, à l'action de M. Almereyda. » Vous voyez qu'il s'est présenté comme le porte-parole de toutes ces organisations. « Le milieu des anarchistes individualistes ». — C'est une espèce particulière d'anarchistes. — « Non, pas d'exception, réplique M. Almereyda. Accordez-moi vingt-quatre heures et je vais voir ce milieu. Si, dans les vingt-quatre heures, je dis : « Rien à craindre », promettez-moi de faire confiance à tout le monde. »

M. Malvy dit : « C'est promis. »

Je comprends très bien qu'on n'applique pas le carnet B ; c'est une politique.

M. Ribot a dit qu'il la trouvait hasardeuse, je la trouve imprudente. Bien que ne connaissant pas les conditions particulières du carnet B au commencement de la guerre, j'aurais peut-être fait arrêter certains anarchistes. L'aurais-je fait ? je ne puis le dire. Il est trop facile de déplacer les responsabilités.

J'aurais compris que M. Malvy en référât à des hommes politiques importants, les consultât et prît les décisions après entente avec ses collègues. Mais il en est tout autrement. Cela se passe entre lui et M. Almereyda.

M. Malvy donne vingt-quatre heures à M. Almereyda et l'investit de la qualité d'ambassadeur. M. Almereyda va trouver les anarchistes et leur dit : « Voulez-vous que M. Malvy vous enferme demain ou préférez-vous qu'il vous laisse en liberté ? » (*Rires.*)

On devine la réponse. Voici le récit des négociations :

« Je passai les vingt-quatre heures accordées, aidé de quelques amis, à sonder la conscience des individualistes. »

Il fallait une sonde !

« Après avoir obtenu de ceux qui étaient comme les directeurs de conscience de ce milieu, non seulement l'engagement d'honneur qu'ils ne se livreraient à aucun acte délictueux ou hostile, mais encore qu'ils prenaient la responsabilité de leurs troupes, je revins à l'Intérieur et je dis à M. Malvy : « C'est fait, tout va bien. Je sais la gravité de ce que je vous demande. Mais je n'hésite pas : N'arrêtez personne. » M. Malvy répondit : « C'est bien, vous avez ma parole, je prends cela sur moi. »

Que l'on ait appliqué ou non le carnet B, que M. Clemenceau soit couvert ou non du sang de ses concitoyens, que l'on soit un grand homme d'Etat, à la condition de laisser ses mains dans ses poches, et que l'on ait obtenu le succès dont a parlé M. Ribot, je l'accorderai, mais ce que je ne peux accorder, c'est qu'un Gouvernement puisse pendre des décisions de cette importance avec une pareille procédure. Le Sénat, j'en suis sûr, sera de mon avis.

M. Almereyda "s'engage"

D'ailleurs, les relations se continuent et, dans un article, à quelque temps de là, je vois cette jolie scène. C'est un article intitulé : « Notre guerre. »

« Hier soir, dit M. Almereyda, à six heures, je suis allé me mettre à la disposition du Gouvernement. Dans l'impossibilité de joindre M. le président du conseil, j'ai dit à M. Malvy, ministre de l'intérieur : « Où faut-il s'enrôler ? »

Il suffisait de consulter un sergent de ville, il n'y

avait pas besoin de voir le ministre de l'intérieur.
Mais il avait des raisons pour le choisir.

« M. Malvy m'a dit : « Pour le moment, des hommes comme vous sont plus utiles à Paris qu'à la frontière ; je vous prie de rester. » Je reste. À la minute où on me dira : « Partez ! pour où que ce soit », je répondrai : « Présent ».

J'ai là d'autres documents qui accentuent un peu cette situation, mais je n'insiste pas : cela me paraît assez superflu.

Pour aller jusqu'au bout dans cet ordre d'idées, après avoir signalé ces formations d'anarchistes, je suis obligé de rappeler qu'elles ont toujours existé en France et ailleurs.

Elles ont été tenues et organisées sous le gouvernement moral — si j'ose me servir de ce mot — des intellectuels de l'anarchie, qui ne sont pas sur le carnet B. Car certains appartiennent à des classes assez élevées, mais n'en sont pas moins redoutables, surtout quand ils adressent des manifestes aux tranchées pour recommander la formation de comités d'ouvriers et de soldats, comme en Russie.

Nous voici maintenant à l'action. Nous arrivons à ce mouvement, lancé au commencement de la guerre. Je ne suis pas prêt à condamner M. Malvy pour n'avoir pas mis le carnet B en fonction ; je prétends seulement qu'il ne faut pas, lorsqu'on s'est décidé à ne pas le faire fonctionner, le mettre dans un tiroir dont on jettera la clef dans la Seine. J'estime, au contraire, qu'il faut surveiller ces hommes de très près, et si l'un d'entre eux, malgré la parole donnée à Almereyda, leur digne ambassadeur, recommence ses anciennes pratiques, alors l'amnistie ne doit plus jouer, et le moment est arrivé de lui mettre la main au collet.

Ceci, M. Malvy ne paraît pas l'avoir fait. J'ajoute, connaissant la question pour l'avoir suivie, que j'en ai parlé tout à fait à l'improviste à M. Malvy au comité secret. Je venais de recevoir, de gens que je ne connaissais d'ailleurs pas, les trois documents dont j'ai fait état. Mais, depuis lors, j'ai reçu une affluence énorme de documents. M. Malvy a bien voulu me redemander ceux que je lui avais promis à la tribune et, pour tenir ma promesse, je lui ai restitué les trois dont je m'étais servi. Je ne lui ai pas remis un grand rapport que j'avais apporté à la tribune, que je lui ai montré, sur la propagande pacifiste, lui faisant obser-

ver que j'aurais peut-être à m'en servir dans un intérêt national. Dans ma lettre, j'avais souligné le mot
« national ». Le moment est venu ; c'est ce que je fais
aujourd'hui. (*Très bien !*)

J'ai d'ailleurs un motif pour ne pas lui rendre ce
rapport secret ; je connais au moins trois personnes
qui le possèdent ; il y en a certainement d'autres. Par
conséquent, malgré la petite leçon qu'a bien voulu me
donner M. Malvy, comme homme de gouvernement,
en me disant : « Vous ne pouvez vous approprier ces
documents », je n'ai pas jugé utile de soutenir une
conversation avec lui sur le rôle du gouvernement .Si
je l'avais fait, je lui aurais rappelé qu'en février 1911,
il a contribué à renverser M. Briand avec un document qui lui avait été fourni par la police.

M. Malvy, *ministre de l'intérieur*. — Je ne m'en souviens pas. J'étais rapporteur du budget à cette époque.

M. Clemenceau. — Moi, je m'en souviens très bien.
Pour réveiller vos souvenirs, je vous engage à vous
procurer le *Journal officiel*.

Les Documents de la Sûreté

Nous arrivons à l'affaire des documents. Nous voilà
devant la commission de l'armée. MM. Ribot et Malvy
sont là. Naturellement, je ne demande pas la suite des
rapports de la sûreté, puisque nous les avions, mais
je demande les rapports mensuels des six derniers
mois sur la propagande antipatriotique. M. Ribot nous
l'accorde. J'avoue que, dès qu'il nous a dit « oui », je
l'ai vu partir en me disant : « Demain, ce sera non ».
(*On rit.*) C'est ce qui est arrivé. Le lendemain, M. Ribot
nous a écrit qu'il avait vu les rapports, mais qu'il ne
pouvait pas nous les fournir parce que des noms
étaient prononcés, que l'on ne pouvait pas jeter dans
le public. J'ai été très surpris de cette réponse, parce
que le ministre de la guerre nous fournit tous les
jours des documents d'une gravité infiniment plus
haute, et dont le secret n'a jamais franchi les portes
de la commission de l'armée.

M. Henry Bérenger. — Très bien !

M. Clemenceau. — J'avais une autre raison : c'est
que, comme pour tous les documents précédents, j'en
étais possesseur. (*Sourires.*) Je m'en suis donc servi, et
ce qu'il y a d'admirable, c'est que, de ces documents

secrets qu'on ne peut pas livrer à une commission, il n'y a rien à dire. Les noms qui sont cités là, ce sont ceux de tous les anarchistes, qui courent partout, que vous lisez dans tous les journaux ; les discours qu'on met dans leur bouche, ce sont ceux qu'ils prononcent tous les jours. Si j'avais voulu, j'aurais apporté des piles de papier et pu vous faire un lecture qui durerait des heures. Voilà tout le secret, il n'y en a pas d'autre ! Pourquoi ne veut-on pas nous les donner ? C'est qu'on constate des faits, des réunions, des actes, des discours, des excitations à la trahison, etc., et que la première question qui vient aux lèvres est celle-ci : « Eh bien ! pourquoi n'a-t-on pas poursuivi ? ». .

C'est là la question douloureuse.

J'étais un enfant, moi, avec mes deux documents, et M. Malvy a bien dû rire en rentrant chez lui... quoiqu'on m'ait dit qu'il était fort en colère ! (*On rit.*)

Mes deux documents ! Il y en avait des centaines et des milliers, et qui disaient tous la même chose ! Et la raison pour laquelle on nous les refuse, c'est simplement qu'il y a là une série de faits qui, en s'alignant, deviennent très éloquents et portent à demander : « Pourquoi donc refuse-t-on de poursuivre des gens qui sont si visiblement en révolte contre les lois ? »

Messieurs, je vous ai lu les passages les plus importants. Mais c'était du passé. Si vous voulez, je vous ferai encore quelques brèves lectures (*Oui ! Oui !*) parce qu'il faut que vous soyez bien convaincus de l'étendue de la plaie.

Nous ne nous occupons pas en ce moment des théories, comme on en voit dans les livres anarchistes, et où certains intellectuels peuvent trouver satisfaction : il s'agit de l'action de cette propagande à l'intérieur et à l'avant. Il faut donc en voir le point de départ. (*Très bien !*)

Je ne nommerai personne. J'ai nommé Almereyda : il ne m'était pas facile de faire autrement, car c'était lui qui m'avait pris à partie. Si, sans le nommer, je vous avais lu tout l'article, vous auriez vu en effet qu'une partie de cet article se retournait contre moi. Almereyda me reprochait ma violence et ma brutalité ; je le comprends, je l'avais fait condamner à deux années de prison ! (*Sourires.*)

Rappelez-vous ce que je vous disais tout à l'heure : Pas de carnet B ! Tous ces braves gens qui avaient dit: « Surtout, n'appliquez pas le carnet B ! », qui avaient envoyé Almereyda négocier avec M. Malvy la suppression de ce carnet, se sont terrés. Ce fut l'un des bons résultats de l'opération de M. Malvy.

Retour à l'Offensive

S'il s'était agi simplement de faire une bonne mobilisation, c'était fini, mais la question n'était pas là. Il ne s'agissait pas seulement de faire une bonne mobilisation; mais encore d'avoir une bonne victoire. Or, pendant trois ans l'opération allait se prolonger, et ces hommes, qui avaient reçu l'assurance qu'on ne les poursuivrait pas — ces assurances furent répétées — ont commencé, comme les rats de la fable, à mettre le museau hors du trou, puis, quand ils ont vu qu'ils pouvaient faire leurs petites manifestations, reprendre leurs groupements sans qu'on les poursuivît, naturellement, ils se sont enhardis.

La première trace de ce retour à l'offensive est **du** 22 novembre 1914. Je répète que j'ai résolu de ne donner aucun **nom**.

Voici ce que dit X... : « Parler de paix est le **devoir** qui incombe aux organisations ouvrières conscientes de leur rôle ».

Vous voyez la théorie. Ce sont les organisations ouvrières qui vont parler ; mais nous, nous n'acceptons pas la thèse. Quand on nous dit : « il ne faut pas toucher aux militants de la classe ouvrière », nous répondons que les vrais représentants de la classe ouvrière, ce sont ceux qui sont à l'atelier, qui font leur devoir de travailleurs, qui élèvent leurs enfants, et sortent du travail pour se rendre dans les réunions corporatives, publiques, politiques, où ils apportent l'opinion qui est la leur, et où ils exercent librement l'influence et l'autorité auxquelles les lois leur donnent droit. Ce sont ceux-là et non les autres. (*Très bien ! très bien !*)

« ...La responsabilité des gouvernements français, anglais et russe n'est pas légère. Encore n'est-il pas établi que le gouvernement français ait tout fait pour sauvegarder la paix dans les derniers jours de juillet.» (*Exclamations.*)

M. Guilloteaux. — L'abominable mensonge !

M. Clemenceau. — Vous voyez la tendance de ces hommes. Les voilà qui, d'abord, se tiennent près du

Gouvernement, dont M. Malvy fait partie ; puis, dès novembre 1914, ils commencent à lui dire : « Il n'est pas bien sûr que ce n'est pas vous qui avez provoqué la guerre ! » (*Vives interruptions.*)

M. Guilloteaux. — Ce sont des Boches !

M. Clemenceau. — 4 janvier 1915, Y... écrit à la confédération italienne pour la dissuader d'envoyer en France des ouvriers destinés à travailler dans les usines de guerre.

Z..., à Lyon, déclare que « cette guerre ignoble et monstrueuse a été voulue et préparée par l'Angleterre depuis 1904. Les soldats français commettent autant d'atrocités que les soldats allemands... » (*Vives exclamations.*)

Vous entendez ? Voilà les gens !...

M. Halgan. — Il faut leur couper le cou!

M. Clemenceau. — Je ne vais pas si loin.

Notre ami Debierre faisait tout à l'heure allusion à la Convention, et beaucoup de mes amis, autour de moi, semblaient prêts à faire tout ce qu'a fait la Convention ; je me suis réservé, parce que je n'ai pas pensé que ce fût absolument nécessaire (*Sourires.*)

« ... Le peuple allemand mérite la première place dans le monde pour ses qualités au point de vue social, économique et hygiénique. » (*Nouvelles exclamations sur tous les bancs.*)

Voilà ce qu'on écrit, en pleine guerre, quand nos soldats meurent dans les tranchées !

M. Guilloteaux. — Qu'on l'exécute !

M. le comte d'Elva. — Il faut donner son nom !

M. Clemenceau. — Non, je ne donnerai pas son nom, car je ferais de la peine au ministre, que je ne nomme pas, et qui le reçoit encore aujourd'hui. (*Mouvements divers.*)

Un autre s'écrie : « A bas la guerre ! Que la République crève s'il le faut : nous voulons la paix ! »

M. le ministre de l'intérieur. — Voulez-vous me permettre un mot ?...

M. Clemenceau. — Volontiers.

M. le ministre. — Vous venez de me dire que je recevais la personne qui a tenu ces propos.

M. Clemenceau. — Je n'ai pas dit cela et n'ai point parlé de vous. J'ai dit seulement que je ferais de la peine au ministre qui le reçoit aujourd'hui. Vous n'êtes pas seul ministre. C'est un argument de plus, vous le comprenez. (*Sourires.*)

Je vais vous dire pourquoi je ne nomme pas ce ministre. C'est certainement un excellent patriote, un homme qui rend les plus grands services aujourd'hui dans l'œuvre de guerre. Seulement je voudrais bien — son patriotisme n'en souffrirait pas — qu'il se gardât de certaines intelligences, et je lui porte ce petit avis en passant. M. Malvy doit comprendre que, lorsque je l'ai mis en face d'Almereyda, je l'ai nommé, et que, maintenant, ce n'est pas à lui que je fais allusion.

« Tout Français, dit un autre, aurait dû répondre à l'ordre de mobilisation par la grève générale et l'insurrection. »

Vous voyez, monsieur Ribot, que la grève générale et l'insurrection ont quelque chose à faire avec l'organisation de l'antipatriotisme.

Il aurait été tout à fait surprenant que ces gens, qui se sont constitués pour exploiter le mouvement ouvrier, restassent indifférents devant les grèves et qu'ils n'y prissent pas part.

M. Malvy l'a dit et vous l'avez répété. Je lui montrerai tout à l'heure qu'il s'est trompé de la manière la moins pardonnable pour un ministre de l'intérieur ; j'en apporterai des preuves telles qu'il n'y aura pas de contestation possible.

Voici une autre déclaration aux ouvriers du bâtiment réunis à la bourse de X...

« Ils aimeraient mieux saigner un patron ou tous les gardiens de la paix français que de tuer un prolétaire allemand. » (*Exclamations.*)

M. le comte d'Elva. — Ce sont des bandits, ces gens-là !

M. Clemenceau. — Voilà les gens avec lesquels on traite pour savoir si on fera ou non fonctionner le carnet B. Et pourquoi ne poursuit-on pas ?...

M. Malvy condamne ces paroles comme nous tous; il n'y a pas à ce sujet de discussion possible entre nous; mais il ne poursuit pas, et voilà pourquoi je suis à cette tribune. (*Très bien ! très bien !*)

Autre citation :

« Je n'ai pas de patrie, et vivre sous la botte prussienne ou sous la botte française m'est indifférent. »

Le 5 novembre, à la Fédération des Bouches-du-Rhône, un douanier — dont le préfet a demandé le déplacement au ministre de l'intérieur, qui ne le lui a pas accordé — n'a pas hésité à combattre le retour à la France de l'Alsace-Lorraine et à préconiser la paix immédiate.

Ainsi, voilà un fonctionnaire qui prononce ces abominables paroles ; le préfet demande simplement son déplacement, il ne demande pas sa révocation — moi je l'aurais demandée et même plus encore — et le ministre de l'intérieur la refuse !

Il en va de même pour plusieurs autres fonctionnaires. J'ai ici les noms et je les donnerai si cela devient nécessaire.

Voilà, par exemple, un instituteur d'un département de l'Ouest contre lequel le préfet a demandé en vain une sanction disciplinaire. Car il y a des fonctionnaires mêlés à cette affaire.

Je passe toutes ces citations ; c'est tout ce que j'ai trouvé dans ces fameux rapports dont on nous a refusé communication, vous voyez maintenant pourquoi.

Ces faits, je tiens à les porter à la tribune. Si l'on m'avait obligé à parler en comité secret, j'aurais préféré garder le silence ; je suis ici, non seulement pour parler au Sénat, mais pour parler au pays. (*Applaudissements.*)

La Chambre contre le Sénat ?

On aurait voulu nous mettre en conflit avec la Chambre dans cette affaire ; les événements ne l'ont pas permis, parce que ceux qui avaient acclamé M. Malvy ont été conduits à ne pas lui donner leur voix.

De la sorte, il n'y a pas de danger d'arriver à un conflit avec la Chambre, que je suis d'ailleurs bien loin de chercher.

Je reconnais très nettement sa suprématie constitutionnelle sur le Sénat...

M. Henry Bérenger. — Très bien !

M. Clemenceau. — La démocratie ne serait rien sans le régime parlementaire.

Le parlementarisme, avec tous ses défauts — et ils sont innombrables — a de grandes qualités. Il est perfectible, plus que la royauté. Je crois que le Parlement est le plus grand organisme qu'on ait inventé encore pour commettre des erreurs politiques *(On rit)*, mais elles ont l'avantage supérieur d'être réparables, et ce, dès que le pays en a la volonté. (*Très bien !*)

Nous nous trompons tous : hommes politiques, fonctionnaires, médecins, avocats, journalistes. Nous sommes tous dans l'erreur. Cela ne signifie rien, car il y a un moyen de redresser l'erreur dès qu'elle est perçue, et le pays peut être conduit sans secousse à ses justes destinées. Or, quand il s'agit du peuple français, celui qui prononce les infâmes paroles que j'ai rapportées tout à l'heure commet un crime, non seulement contre sa patrie, qu'il n'est pas même digne de comprendre, mais contre l'humanité elle-même ! (*Vifs applaudissements.*)

Je voudrais abréger... (*Parlez ! parlez !*) Ce discours est un peu décousu, mais vous reconstruirez le tableau d'ensemble.

Je vois dans mes papiers un nom que je ne veux pas citer : celui d'un de ceux qui ont prononcé ces paroles abominables. Cet homme a récemment publié une brochure qu'il a signée, avec son adresse. Vous pensez peut-être qu'il a été poursuivi ? Pas du tout. Pourquoi ? On ne peut pas le dire !

Les Feuilles immondes

Un jour, j'ai demandé une répression contre une feuille ignoble. On a répondu : « Nous ne pouvons pas saisir cette feuille, nous ne savons où la prendre. »

Je suis allé à mon journal et j'ai dit au garçon de bureau : « Allez à telle adresse, chercher la feuille. » Il me l'a rapportée immédiatement. Donc, cette feuille que M. Malvy ne peut pas saisir, moi, pour un sou et par l'entremise de mon garçon du bureau, je me la suis procurée sans difficulté ! (*Rires.*)

Ce sont de petits faits, mais quand ils vont s'être suffisamment accumulés, quand vous aurez vu où cela nous conduit, je pense que vous serez obligés de partager mon opinion. En tout cas, si vous ne la partagez pas, j'aurai, du meilleur de mon cœur, fait tout ce que j'aurai pu pour obtenir ce résultat.

Voici une citation que je veux vous faire, parce que c'est certainement une des plus ignobles. Elle est toujours du visiteur de mon ami le ministre. Il parle du régime imposé aux populations par l'occupation fran-

çaise, anglaise et allemande, à propos du maire de
Roubaix, et il dit :

« C'est encore le régime allemand qui est le meilleur.
En ce moment peut-être, il devient dur par suite des
privations causées par le blocus, mais en général tout
ce qu'on raconte est exagéré. D'après certaines conver-
sations avec des évacués d'Allemagne, ce ne sont pas
les Allemands qui rendent la vie dure aux prisonniers,
mais les propres officiers et sous-officiers de ces derniers. » (*Exclamations.*)

L'Ordre et le Courage

Si l'on veut obtenir le résultat que nous proposait tout
à l'heure M. Painlevé, si l'on veut faire de l'ordre
dans ce pays, non pas à la manière des anciennes mo-
narchies, mais un ordre consenti, individuel, que cha-
cun s'impose à lui-même, il faut prendre le soin de
laisser en toutes les têtes les idées échelonnées à la
place où elles doivent être. Il ne faut pas permettre
que des malheureux — je ne peux pas les appeler autrement ; ils ne sont même pas dignes du nom de cri-
minels — que des malheureux viennent porter de tels
ravages dans l'esprit d'hommes qui offrent leur vie
pour sauver leur pays, leur foyer, cette chose dont nous
sommes encore porteurs : la grande histoire de France.

Il ne s'agit pas de se faire massacrer. Ce n'est pas
cela. Il faut vaincre et ne pas être vaincus. (*Applaudissements.*) Or, savez-vous ce que c'est que le courage ?
Ce n'est pas de s'en aller tout seul, les mains dans les
poches, devant une foule qui a des fusils. J'ai vu
cela dans mes mauvais jours ; le courage c'est, assis
dans son bureau, avec une plume et du papier, de se
poser continuellement la question du devoir à rem-
plir, de ce qu'on doit faire ; c'est, non de consulter
celui-ci ou celui-là, ou tel intérêt particulier de groupe
ou de circonstance, d'écouter telle ou telle voix, mais
d'aller, tout droit devant soi. On doit en souffrir, on
sera haï, détesté, méprisé, on recevra de la boue, on
n'aura pas d'applaudissements. Mais il faut savoir choisir entre les applaudissements d'aujourd'hui, qui sont
d'un certain prix, et ceux qu'on se donne à soi-même
quand, avant de rentrer dans le néant, on peut se dire :
« J'ai donné à mon pays tout ce que je pouvais. »
(*Nouveaux applaudissements.*)

Les Grèves

Et maintenant, nous voici dans les grèves.

De même que c'était M. Malvy qui avait créé l'affaire du carnet B, c'est M. Malvy qui a évoqué à la tribune la question des grèves pour se donner la gloire de dire : « Ah ! ce pauvre Lloyd George, il a beaucoup de peine avec les grèves, tandis que moi Malvy, d'accord avec mon ami Almereyda, en supprimant le carnet B, j'ai obtenu des résultats admirables. »

Avec une sérénité ingénue, à laquelle je rends hommage, il a donné des chiffres qui n'ont aucune autorité. Personne ne sait où il les a pris et lui non plus ; ils n'ont d'ailleurs pas d'intérêt, car nous sommes ici pour nous occuper de nous-mêmes ; les Anglais feront leur devoir par leurs moyens, suivant leurs coutumes, leurs préjugés, leurs préventions, leurs habitudes. Quant à nous, nous devons agir avec tout ce qui entre dans le monde des réflexes et des actes conscients, en mettant en œuvre notre grand devoir envers la patrie.

Dans les grèves, disait M. Ribot, il n'y a pas de mouvement révolutionnaire. Je vais faire le contraire de ce que font les avocats : je vais commencer par donner la preuve finale. Ce n'est pas logique, mais cela répond mieux à la forme de ma pensée en ce moment.

Je déclare qu'à la commission de l'armée, M. le ministre de la guerre a prononcé des paroles que je ne veux pas reproduire, que je ne reproduirais même pas en comité secret, mais il a établi, sans contestation possible, qu'il y a la plus irréfutable corrélation entre les grèves et l'action purement militaire. Personne ne peut me démentir, pas un membre de la commission de l'armée, M. le ministre de la guerre pas davantage.

C'est un accès de franchise dont, pour ma part, je lui sais gré. Il a bien fait, nous ne sommes pas des gens à en abuser ; mais ce que nous ne voulons pas, c'est que M. le président du conseil vienne dire...

(M. le président du conseil fait un geste de dénégation.)

Comment, vous n'avez pas dit cela !

Vous êtes comme moi, vous avez la mémoire courte: c'est un effet des ans. Ah ! vous ne l'avez pas dit ! J'avais tout prévu, excepté cela ! *(Sourires.)*

C'est ennuyeux parce que vous allez me faire perdre du temps ; si, pendant que je continue, un de mes amis voulait avoir la complaisance de rechercher dans le *Journal officiel* le passage du discours de M. Ribot, il est marqué...

M. le président du conseil. — Vous avez dit : « A la commission de l'armée. »

M. Clemenceau. — Non, non, c'est à la Chambre !

M. le président du conseil. — Ah bien !

M. Clemenceau. — La langue m'a fourché. Au reste, vous auriez pu — c'est assez naturel — dire à la commission de l'armée la même chose que vous avez dite à la Chambre. Même chez un président du conseil, ce serait excusable. (*Rires.*)

M. le président du conseil. — Je n'ai rien à retirer de ce que j'ai dit.

M. Clemenceau. — Si M. Ribot estime qu'il n'y a pas de corrélation entre la révolution et les grèves, M. Gustave Hervé, dans ce bel article intitulé : « Vivent les Marocains », publié au moment de l'expédition de Casablanca, écrivait :

« Quant à nous, les sans-patrie de France, puisque nous sommes encore impuissants à provoquer dans les ports de France et d'Algérie une grève des dockers, des inscrits maritimes pour vous empêcher de vous rendre sur le théâtre de vos exploits ; puisque nous ne pouvons encore obtenir de la classe ouvrière française qu'elle proclame la grève générale pour protester contre vos brigandages, il ne nous reste qu'à vous souhaiter d'être reçus là-bas comme vos congénères italiens furent reçus, il y a dix ans, dans les montagnes d'Abyssinie par les troupes du Négus ou de crever par milliers sur les routes du Maroc comme crevèrent naguère vos aînés sur les routes de Madagascar. »

M. Charles Riou. — Quelle date ?

M. Clemenceau. — Le 13 août 1907, au moment de l'expédition marocaine.

Tenez, monsieur le président du conseil, je retrouve votre déclaration devant la Chambre :

« Il n'y a pas d'élément révolutionnaire dans les grèves, disiez-vous, c'est une chose remarquable que tous ces conflits du travail n'ont été provoqués que par le besoin d'ajuster les salaires aux nécessités de la vie et n'ont pas été suscités par des pensées de révolution et d'insurrection sociale... »

M. le président du conseil. — Eh bien ! oui.

M. Clemenceau. — Comment pouvez-vous dire : « Eh bien! oui », alors qu'il suffirait de produire un certain événement dans un endroit donné pour qu'on vît des grèves éclater sur une grande étendue ? Il faut faire attention que le ministre de la guerre et le président du conseil ne sont pas tenus de prononcer des paroles incohérentes, il faut qu'elles s'accordent. En tout cas, la thèse que vous souteniez ne se justifie pas par les faits. Quant à celle du ministre de la guerre, elle est malheureusement trop justifiée par eux.

Vous les avez connus, ces mouvements de grève ; vous avez eu là-dessus les rapports de vos préfets. Voici des notes qui sont prises sur quelques documents convenablement expurgés que M. le ministre de l'intérieur a consenti, avec tant de difficultés, à confier à la commission de l'armée.

L'un d'eux a pour titre : « Réponses à la circulaire du ministre de l'intérieur du 10 juin 1917 demandant un rapport circonstancié sur la situation de chaque département au double point de vue de l'état d'esprit de la population et du mouvement social. »

Messieurs, naturellement, la manière de... comment dirais-je pour ne froisser personne ... la manière de côtoyer la vérité en se gardant de s'en tenir trop proche (*Sourires*), c'est de prendre un fait particulier et de lui donner une extension générale.

Est-ce que j'ai nié qu'il y avait des mouvements économiques dans les grèves ?

Vous parlez de la cherté de la vie pour expliquer les grèves. M. Malvy a exercé une influence conciliante excellente, à laquelle je rends un sincère hommage ; il a fait, dans cette partie de son département, son devoir, je m'empresse de le reconnaître.

Mais ces difficultés de la vie chère, dès que vous les avez vu venir, n'auriez-vous pas dû les prévenir, n'auriez-vous pas dû prendre l'initiative des accords qui ont été passés ? Vous ne l'avez pas fait.

A côté de ce reproche léger, il y en a d'autres que j'ai à vous adresser.

La Propagande dans les Usines

Dans les usines, à côté des ouvriers, il y a des soldats qui ont quitté leur fusil et qui travaillent. Si la loi était strictement respectée, vous savez quel serait leur salaire, et vous savez quel il est. Je ne vous fais de cela aucun reproche, ne me faites pas dire ce que je ne dis pas. Seulement vous ne pouvez pas empêcher que j'aie recueilli dans les tranchées, lorsque j'y ai passé, des paroles redoutables qui feront sentir leur influence plus tard. Tâchons d'éviter que ces divisions ne s'agrandissent, préparons la conciliation de tous quand le moment sera venu ; et, pour cela, ne favorisons pas les entrepreneurs d'anarchie qui commencent par semer l'indiscipline parmi des hommes qui sont des soldats, soumis théoriquement à la discipline militaire et qui se laissent parfois entraîner à aller dans des réunions à la porte des ateliers, dans les établissements de l'Etat pour y entendre les paroles d'un de ceux dont j'ai parlé.

Il n'y avait, direz-vous, que vingt-cinq mobilisés dans cette réunion. C'était encore trop.

Ah ! messieurs, j'aurais voulu que vous entendissiez M. le ministre de l'intérieur, à la commission de l'armée, parler de cette réunion. L'anarchiste qui se rendait à Z... pour y prendre la parole était suivi par la police. C'était une chance, peut-être la seule. Seulement, vous ne devineriez pas ce qu'a fait la police : elle a conduit cet homme jusqu'à la gare où il devait s'embarquer, puis elle lui a donné un coup de chapeau. (*Sourires.*) Et M. Malvy de dire : « L'agent ne pouvait pas deviner où il allait. »

N'était-ce pas pour savoir où il allait qu'on l'avait mis aux trousses de cet anarchiste ?

L'homme a fait la réunion dans un établissement de l'Etat ; des mobilisés y ont entendu les pires propos ; aucune poursuite, rien ! L'agent de police avait lâché son anarchiste et le ministre de l'intérieur lâchait son agent de police ! (*Rires.*) Ce n'est pas une manière de gouverner.

Il y a une autre partie du problème : ce sont les usines qui travaillent pour l'Etat. Les hommes qui travaillent pour l'Etat sont soumis, comme nous tous, à des obligations morales.

Il est évident qu'il faut largement leur assurer la rémunération qui leur est due. Jamais vous ne m'arracherez une autre parole. Mais, en même temps, ils doivent se dire que leur temps est précieux ; ils doivent donner une pensée à ceux qui sont au combat ; il doit y avoir pour eux une discipline morale ; et je vous le répète, monsieur le ministre de la guerre, cette discipline morale ne résultera que du fait que l'ordre sera spontanément maintenu dans toutes les parties de la population française.

Pour cela, vous devez donner l'exemple du courage. Beaucoup de ces gens se sont laissé entraîner. Il y a des malheureux, dont je ne veux pas dire l'affreuse histoire, qui ont payé de leur vie le crime des autres ; il y a des hommes qui ont souffert, et quand j'entends dire : « Notre politique de paix n'a pas fait couler de sang », je réponds : « Elle en a fait couler plus que n'aurait fait l'autre ». Si vous me le demandez, j'apporterai ici les cadavres, en séance secrète, bien entendu. La liste en est au ministère de la guerre...

M. Painlevé, *ministre de la guerre*. — Oui, la liste est au ministère de la guerre, mais, heureusement, elle est courte.

M. Clemenceau. — Que voulez-vous me faire dire à moi, dont vous connaissez les opinions ?

Qu'il ne fallait pas sévir ? Croyez-vous que ce soit là ma thèse ; vous savez bien le contraire. Seulement, je dis qu'il y a des hommes qui, subissant leurs peines, ont déclaré qu'ils avaient été les victimes d'une abominable propagande.

Il y a quelques-uns de ces hommes qu'il fallait frapper, qui trouvaient moyen de mourir encore dans la grandeur, pour leur pays. (*Applaudissements.*)

Il n'y a pas d'éléments révolutionnaires dans les usines ? Nous allons le voir.

Les rapports des Préfets

Le préfet de l'Oise dit qu'à... (je ne dis pas où) on lui a fait connaître que tel homme (il le nomme) a fait savoir aux ouvriers mobilisés qu'il avait la promesse formelle du contrôle qu'aucun mobilisé ne serait envoyé au front pour fait de grève ou action syndicale et que les fautes graves entraîneraient simplement un changement d'usine.

Voilà ! c'est comme cela que vous voulez mettre l'ordre dans les usines.

Et voici un autre exemple :

Le contrôle a éloigné en avril, d'un syndicat métallurgiste, l'ouvrier X..., qui en était l'âme et qui résistait avec succès aux éléments les plus violents.

Quand un homme trouve dans son cœur, dans sa générosité native, le courage de résister à ces excitations, on le frappe, on le punit, on l'envoie dans une autre usine.

J'aurais pu lire le rapport de M. Lallemand. (*Lisez ! Lisez !*)

Je me borne à lire celui de M. Rault, le préfet de Lyon :

« Je vous avais prévenu que, sous certaines influences que je vous avais signalées, une désagrégation lente s'opérait et, dans mon rapport du 18 mai, adressé sous le timbre du cabinet, je vous disais comme conclusion :

« Si je suis obligé d'insister, c'est que j'ai l'impression très nette qu'une agitation couve sourdement dans certains milieux de la ville et de la banlieue, que nous pourrions être à la veille d'incidents sérieux et que j'ai le devoir de dégager vis-à-vis du Gouvernement ma responsabilité.

« Les mouvements de grèves qui se sont produits à Paris ont précipité les événements. L'union des syndicats, groupement dissident de la C. G. T., dont l'anarchiste X... est le secrétaire, secondé par Y..., etc., a profité des incidents de Paris pour déclencher le mouvement gréviste. » Voyez le rapport entre le mouvement gréviste et le mouvement révolutionnaire : c'est la même chose ! « Dès la première heure, il m'est apparu qu'il ne s'agissait pas seulement de revendications ouvrières, mais que les directeurs du mouvement espéraient profiter des circonstances pour créer un courant d'opinion pacifiste. »

Est-ce clair ? Comment peut-on dire qu'il n'y avait pas de concordance entre le mouvement pacifiste et certaines grèves ? Je ne condamne pas les grèves en elles-mêmes ; je ne condamne pas celles qui ont eu lieu ; je n'entre dans l'examen d'aucune : ce n'est pas mon affaire. Le droit de grève doit rester intact, mais le droit de grève n'est pas le droit à l'internationalisme sans patrie !

Je vous demande pardon de m'étendre sur ces points ;

mais, sans juger les grèves en soi, on peut dire que la plupart avaient leur raison d'être. Ce que je ne puis admettre, par contre, c'est qu'il s'y soit introduit des éléments anarchistes, antipatriotiques. Les rapports des préfets le proclament. La preuve étant suffisamment faite sur ce point, il me paraît inutile d'insister.

J'arrive à la question des brochures.

Un Malentendu

M. le ministre de la guerre. — Me permettrez-vous de dire un mot ? Vous avez fait allusion à des paroles que, j'aurais prononcées à la commission de l'armée et sur lesquelles, disiez-vous, vous préfériez ne pas vous étendre, ni en séance publique, ni en comité secret.

J'aurais affirmé que des incidents militaires qu'il est inutile de préciser avaient été en partie provoqués par le caractère révolutionnaire de certaines grèves.

J'ai cherché, en rappelant mes souvenirs, quelles paroles prononcées par moi pouvaient justifier votre interprétation.

Je ne trouve qu'un incident auquel vous puissiez faire allusion. Permettez-moi d'ailleurs d'observer que les quelques mots que j'ai prononcés à ce sujet ne conduisent pas à la conclusion que vous en avez tirée. Il s'agissait de mesures dont la sévérité s'expliquait par la nature même de certains incidents. J'ai voulu en atténuer la rigueur. Pourquoi ? D'abord, parce que longtemps retardées, elles ne pouvaient plus avoir le caractère d'exemplarité qui aurait pu les rendre nécessaires.

D'autre part, elles coïncideraient avec une période d'agitation très sérieuse des milieux ouvriers dans une certaine région de la France, agitation provoquée, du reste, par des causes purement économiques.

La meilleure preuve c'est que, d'accord avec le service de l'armement et le ministre de l'intérieur, je suis parvenu à la calmer par des mesures purement économiques.. Mais à ce moment, cette agitation était extrême, et si les mesures sévères dont j'ai parlé avaient été prises et connues, ce n'est pas l'apaisement que nous aurions obtenu, mais la révolte.

Voilà exactement de quoi il a été question. J'ai tenu à préciser pour qu'il n'y eût aucun malentendu entre M. Clemenceau et moi-même. (*Très bien !*)

M. Clemenceau. — Monsieur le ministre de la guerre, il y a un malentendu parce que...

M. le ministre de la guerre. — Est-ce bien à cet incident que vous faites allusion ?

M. Clemenceau. — Oui, mais il y a un malentendu, parce que vous ne nous avez pas dit un mot de tout cela. (*Mouvements divers.*) Je sais très bien ce que je dis ; vous nous avez dit de la façon la plus nette qu'il y avait une relation — je ne veux pas citer la phrase, je la citerai s'il le faut en comité secret — entre la décision que vous aviez prise et le mouvement gréviste, dans un endroit déterminé. Vous n'êtes pas entré du tout dans les considérations que vous venez d'exposer : c'est une interprétation que vous donnez à quinze jours d'intervalle et c'est votre droit ; mais je ne sais pas si elle était dans votre pensée à ce moment-là. Ce que j'affirme, c'est que, dans une phrase qui a trois lignes, vous avez établi la connexion la plus directe entre l'abandon d'un châtiment et des éléments de grèves, et si le mot de M. Ribot avait été exact, votre parole n'aurait pas eu de sens...

Ne m'obligez donc pas à insister.

Je vois que M. Bérenger a la phrase. On peut la montrer...

M. le ministre de la guerre. — Monsieur le président, permettez-moi... (*Parlez ! parlez!*)

Plusieurs sénateurs. — Vous êtes d'accord.

M. le ministre. — Nous sommes d'accord au fond.

M. Clemenceau. — Si nous sommes d'accord au fond, moi je ne m'en suis pas aperçu.

En tous cas, je maintiens chaque mot que j'ai prononcé, avec chaque virgule et chaque iota, rien de plus et rien de moins.

De ces abominables brochures qu'on laisse envoyer aux tranchées, qui arrivent par ballots, que les officiers ne peuvent pas arrêter, je ne veux vous citer qu'un seul passage, car il est permis de les juger et nous sommes en droit de dire à M. le ministre de l'intérieur : pourquoi n'arrêtez-vous pas cette propagande?

Proportionnez la Peine au Délit !

On nous a promis une loi sur des contraventions en matière d'imprimerie. Vous dites qu'avec cette loi vous pourrez agir parce que vous serez armés. Mais avec le code pénal et l'état de siège, vous êtes déjà plus armés qu'il n'est nécessaire.

M. Viviani, *garde des sceaux, ministre de la justice.* — Je suis de votre avis, mais le projet vise autre chose.

M. Clemenceau. — Ah ! si vous êtes de mon avis...

M. le garde des sceaux. — Permettez-moi de dire, puisque vous me mettez en cause, que je suis tout à fait de votre avis. Toutes les fois qu'un tract tombe sous l'application de la loi du 5 août 1914, il importe fort peu que l'imprimeur ait signé ou donné un nom faux, car je considère qu'aux termes de l'article 59 du code pénal, celui qui prête aide et assistance est co-auteur.

M. Clemenceau. — C'est la condamnation de M. Malvy.

M. le garde des sceaux. — C'est le cas de l'imprimeur qui prête ses presses. Et sans vouloir violenter la volonté des juges, je considère que de l'imprimeur qui a prêté ses presses sans donner son nom, et de l'homme qui a distribué le tract, l'imprimeur est plus coupable, parce qu'il se cache, que celui qui a distribué. Le projet de loi que nous avons déposé prévoit l'absence du nom de l'imprimeur pour des tracts qui ne tomberaient pas exactement sous la loi du 5 août ou qui n'en seraient pas moins dangereux, qui font allusion à des propagandes sur lesquelles je me suis expliqué devant la commission de la législation civile. C'est précisément parce que sur ce point la loi du 5 août ne suffit pas que j'ai demandé à la Chambre, et demanderai au Sénat, des armes.

M. Clemenceau. — Il n'y a aucun intérêt, quand un homme commet un crime passible de la peine de mort, à le poursuivre pour une contravention de 15 francs. La peine peut même descendre plus bas, car il y a un article qui dit qu'on ne descendra pas au-dessous de la dernière peine de simple police, qui est, je crois, de un franc.

M. le garde des sceaux. — La loi prévoit qu'on peut condamner à deux ans de prison...

M. Clemenceau. — Il y a la loi Bérenger.

M. le garde des sceaux. — ... et les circonstances atténuantes sont prévues, même pour le parricide et la trahison.

M. Clemenceau. — Ne me faites pas dire le contraire de ce que j'ai dit. Il semblerait que j'ai demandé la peine de mort. Je demande l'application des lois. Nous sommes en l'an de grâce 1917. Les gouvernements précédents ont réprimé l'anarchie, vous ne l'avez pas fait: je vous en demande compte aujourd'hui. (*Très bien ! très bien !*)

Nous sommes en temps de guerre, les Allemands sont à Saint-Quentin, le moral de certaines parties de la population a été ébranlé, et vous venez ergoter avec des lois et nous raconter des histoires de 15 fr. à 300 fr. d'amende ! (*Vifs et nombreux applaudissements.*)

Les excitations à la révolte

Je continue. Voici un passage de ces brochures :

« Les soldats de tous les pays en guerre doivent suivre le conseil que leur a donné Liebknecht lorsqu'il leur proposa de retourner leurs armes contre leur propre gouvernement. » — Voilà ce que nos soldats reçoivent dans les tranchées ! — « Les ouvriers doivent, les armes à la main, briser la puissance de l'Etat bureaucratique et militariste, renverser leurs gouvernements Après avoir arrêté les membres des pouvoirs publics, ils devront former un gouvernement composé des représentants du prolétariat... Ces gouvernements ouvriers devront s'emparer de toutes les banques, de toutes les entreprises de quelque importance et instaurer, avec une énergie égale à celle que déploient les capitalistes à l'heure actuelle, la « mobilisation prolétarienne »... Ce n'est pas en vain que dans tous les pays les ouvriers apprennent à manier des armes... Si, en 1912, des paysans serbes et bulgares, des agriculteurs ont pu hâter la fin de la guerre, en fusillant les officiers, les ouvriers français, allemands, anglais, etc., qui certainement sont mille fois plus conscients que ces paysans, pourront le faire aussi. » (*Vives exclamations.*)

Voilà ce qu'on laisse distribuer ! Je crois que, même quand il n'y a pas de nom d'imprimeur, on peut atteindre les militants.

Tout à l'heure, je vous montrerai, par un seul fait récent — il remonte à quatre jours — ce qu'on fait lorsqu'on connaît le domicile d'un délinquant, d'un des plus connus, et qu'on s'arrange de manière à lui donner le temps de s'échapper. (*Mouvement.*)

Je ne le dirais pas si je n'étais pas en état de le prouver.

Le Front et l'Arrière

Et alors, on me demande quelles sont les répercussions sur le front ? J'ai honte de répondre à cette question.

Comment ! le front et l'arrière sont en relations tous les jours par les trains de permissionnaires qui vont et qui viennent.

Les permissionnaires circulent, causent avec tout le monde, prennent part à la vie commune, et il y aurait une barrière que personne ne pourrait franchir, et on nous a dit sérieusement que cette propagande était sans effet !

Ah ! messieurs, ce n'est pas l'avis de tout le monde. Ce n'est pas l'avis des généraux. Je puis le dire, bien qu'ils ne m'aient pas chargé de parler en leur nom, et que je n'aie aucun droit à cet égard. Ce n'est pas non plus l'avis des soldats. Je vais sur le front, quelquefois ; j'essaie de causer avec tout le monde, mais je n'enseigne la stratégie à personne ; je ne donne pas de conseils ; j'écoute. Je regarde bien les yeux dans les yeux les hommes que je rencontre. Dernièrement, cela a été un réconfort pour moi, je suis allé à Reims. J'ai passé dans un village qui s'appelle Ville-en-Tardenois. Comme j'aime bien à regarder les soldats, à voir comment ils vivent, comment ils se comportent, j'ai examiné de très près ce village, comme s'il avait un intérêt ; il n'en avait pas. Le lendemain, à Paris, j'ai appris que ces mêmes hommes, que j'avais vus rieurs, jouant entre eux, camarades avec leurs officiers, trimant sur les routes ou bien se reposant, étaient des enfants qui avaient eu un fâcheux mouvement d'impatience, la veille. Je ne veux donc pas essayer d'attacher plus d'importance qu'ils n'en méritent à ces événements, mais il faut bien se garder de ne pas leur en donner assez.

En Russie, les antipatriotes sont allés jusqu'au bout

de leur métier ; ils ont provoqué à l'insurrection et ils ont réussi ; ils seront châtiés.

Le gouvernement russe, en la personne de son chef, que vous ne trouverez peut-être pas libéral, fera tout son devoir. Il a publié une proclamation dans laquelle il a déclaré qu'il appréhenderait et saisirait au corps tous ceux qui pousseraient au mépris des lois. (*Vifs applaudissements.*)

Celui-là, nous savons qu'il fera son devoir, nous en sommes sûrs ; il ne l'aurait pas écrit sur les murs, que nous aurions encore confiance. (*Très bien ! très bien !*)

Si nous ne faisions pas notre devoir nous-mêmes, si quelqu'un s'oubliait jusqu'à dire : « Il y a eu un mouvement d'impatience ; c'est fini, maintenant n'en parlons plus », il commettrait la plus grande faute. C'est une leçon que nous avons reçue. Il ne faut permettre à aucun prix qu'elle soit perdue (*Très bien ! très bien !*), et c'est l'unique pensée qui m'a décidé à monter à cette tribune et à me mettre en opposition avec M. le ministre de l'intérieur.

A cet égard, les paroles de M. le ministre de la guerre, comme celles de M. le président du conseil, à la Chambre, m'ont donné pleine satisfaction. J'en demande pardon à M. Malvy, mais les déclarations analogues qu'il me fera ne me satisferont pas. Pourquoi ? Parce qu'il y a trois ans d'expérience. Le cas est différent.

Vous avez, monsieur le ministre, parmi vos collègues, des gens qui ont été plus ou moins mes amis, et que je crois susceptibles de reconnaître leurs erreurs et de les réparer. C'est une affaire entendue. Je ne sais pas si vous reconnaîtrez vos erreurs et si vous essaierez de les réparer, mais trois ans d'expérience m'ont montré que, si vous le vouliez, vous n'êtes pas en état de le faire. Voilà pourquoi je parle en ce moment.

En somme, qu'est-il arrivé ? Il est arrivé du désordre dans les gares, dans les trains de permissionnaires.

Il y a des collègues qui me disent : « Cette propagande n'a pas eu de résultats sur le front. » N'ont-ils donc pas vu ces trains de permissionnaires, n'ont-ils pas entendu ces cris qui ont jailli des portières, simplement pour nous dire la chose la plus désagréable qu'on pût nous dire, ces cris qui sont les mêmes que ceux qu'on retrouve dans les brochures ?

Pourquoi nous disaient-ils : « A Stockholm ! », sans

rien savoir des affaires de Stockholm ? Ils voulaient dire au gouvernement, aux députés : « Faites la paix. »

Messieurs, si les circonstances eussent été telles qu'on eût pu parler de paix, d'une paix qui, une fois signée, nous aurait permis de nous regarder d'une façon honorable en disant : « La France est sauvée », nous la ferions. (*Très bien ! très bien !*)

Si le gouvernement que j'approuve cent fois, mille fois, a répondu très noblement, au nom du pays, c'est que nous savons, nous — et ils le sauraient, eux, s'ils le voulaient — qu'il était impossible d'aller à Stockholm, parce que c'était un piège, qu'on nous tendait. (*Vifs applaudissements.*)

"Je veux faire la Révolution"

Messieurs, comme les choses générales sont souvent illustrées par les incidents particuliers, je vais maintenant vous citer un fait qui m'est arrivé, il y a quelques jours. J'étais à mon journal ; un soldat s'annonce. Je ne veux pas vous dire comment, mais je puis dire qu'il s'est fait annoncer de la façon la plus révoltante au point de vue patriotique. Je l'ai fait entrer. J'ai vu un jeune garçon blond, un homme du Nord, pas alcoolique du tout, le regard très clair et de bonne humeur. Je lui ai demandé ce qu'il faisait. Il m'a répondu qu'il était jardinier près de Sceaux.

Je lui ai dit : « Qu'est-ce que vous me voulez ? » Il m'a répondu : « Je ve x faire la révolution ! » (*Sourires.*)

Je lui ai déclaré : « Je l'ai faite, moi aussi, dans ma jeunesse. (*Rires.*) Contez-moi votre révolution. »

« Il faut tuer, m'a-t-il dit, tous les membres du Gouvernement et de la Chambre ». (*Hilarité générale.*) J'ai répliqué : « Ce n'est pas poli pour le Sénat ! » (*Nouveaux rires et applaudissements.*)

J'ai continué : « Les voilà tous par terre, je vous les concède ; que faites-vous ensuite ? — Je me tournerai contre les Boches, car je ne suis pas Boche ! »

J'ai repris: « Mais, malheureux, pendant que vous serez occupé à cette besogne, les Boches entreront chez vous ! — Ah ! jamais ! je ne le veux pas ! » s'est-il écrié. Et voilà un homme qui s'enflamme !

Je lui ai dit : « Ecoutez-moi. Vous allez me parler ;

je vais prendre un crayon pour recueillir ce que vous me direz ». J'ai donc noté les griefs qu'il m'a indiqués. Ils n'étaient pas déraisonnables. J'ai même transmis l'un d'eux à l'honorable M. Doumer ; mais la réalisation de la demande rencontrerait, paraît-il, beaucoup de difficultés.

Il y avait aussi une plainte assez curieuse : « Je suis, disait-il, depuis trois ans dans la tranchée ; j'ai trois blessures, et je n'ai même pas la Croix de guerre ! Or, un de mes camarades l'a obtenue pour avoir donné un poulet et une bouteille de vin à son capitaine. » (*Hilarité.*)

Il ne faut pas rire, car cela veut dire quelque chose. Je suis sûr que M. le ministre de la guerre le comprendra. (*M. le ministre de la guerre fait un signe d'assentiment.*)

Je n'ai pas essayé de chapitrer cet homme. Quand je lui ai parlé des Boches qui pourraient entrer chez nous si l'on suivait son plan, il m'a dit : « Pour qui me prenez-vous ? » Bref, je ne lui ai rien donné, et il ne m'a rien demandé. Il m'a seulement prié de lui écrire. J'ai répondu à ses lettres et je lui ai procuré deux marraines pour deux de ses amis.

Voilà une histoire. En voulez-vous une autre ? Je suis peut-être un peu long. (*Parlez ! parlez !*)

En voici une autre, très honorable pour l'homme qui en est l'objet.

L'Homme de Verdun

Lors d'une visite à Verdun, j'ai été abordé violemment par un soldat qui était très en colère, si violemment, que le général qui était près de moi a voulu s'interposer. J'ai écarté l'honorable général.

J'ai demandé à l'homme ce qu'il voulait. Il était tout en pleurs et m'a dit : « Je suis ici depuis le commencement de la guerre, et, pendant ce temps, c'est la misère chez moi. J'ai un petit établissement à Paris. Le Gouvernement me ruine. Ma femme est une bonne ouvrière. Je suis un bon ouvrier. Vous pouvez prendre des renseignements sur moi. »

Je lui ai répondu : « J'irai voir votre femme. » Je ne suis pas allé la voir, mais j'ai envoyé chez elle une dame de mes amies, et voici les renseignements qu'elle a recueillis. Cet homme est menuisier ; ses patrons en font le plus grand éloge et n'ont que du bien à dire de lui. Sa femme est matelassière. Ils tenaient un petit hôtel garni, on a mis des réfugiés chez eux, ceux-ci ne payent pas et détruisent tout. C'est la ruine. L'homme est aux tranchées. On a trouvé la femme au travail.

L'homme m'a dit. : « Je crois bien que vous êtes puissant, mais vous ne l'êtes pas assez pour changer cela ; il n'y a rien à faire... » Cette femme est au travail tous les jours, elle ne demande rien. Quant au mari, savez-vous ce qu'il a fait ? A la suite de cet accès d'exaspération, il m'a écrit une lettre d'excuses.

Cet homme ruiné, qui souffre par tous les pores de son âme, m'a écrit : « Je vous ai parlé d'une façon un peu vive ; je tiens à vous demander pardon. » (*Mouvement.*) Voilà ces mutins : ce sont les plus grands soldats du monde ! (*Vifs applaudissements.*)

Permettez-moi une troisième histoire : ce sera la dernière, je le jure.

J'ai vu entrer chez moi, l'autre jour, un homme de soixante-quatre ans, ancien gouverneur des colonies, qui s'est engagé. Il est artilleur depuis le commencement de la guerre. Je l'avais vu une fois. Il est arrivé chez moi ; il n'avait rien à me dire sinon ceci : « Monsieur, défendez nos hommes, on peut leur demander tout; ils feront tout ce qu'on voudra, il faut les comprendre. » Et il est parti.

Il y a un enseignement dans tout cela.

M. le président du conseil. — Mais oui !

M. Clemenceau. — Il y a un enseignement pour nous tous. Je suis si heureux de voir que vous m'avez compris ! Toutes les phrases que nous prononçons ici vont s'aplatir sur des feuilles de papier qu'on lit en tramway d'une façon distraite. Elles ont pour intérêt essentiel de toucher nos camarades de là-bas, qui souffrent et périssent.

Les Soldats de la Grande Guerre

Quand, pour la première fois, je suis entré dans un trou de boue, j'ai descendu une douzaine de marches et j'ai trouvé sous des capotes ruisselantes, dans une atmosphère infecte, des hommes qui dormaient comme s'ils avaient été couchés dans le meilleur lit ; à quatre heures du matin, sur un simple geste du caporal, j'ai vu les soldats, sans un mot, se lever, puis partir, sous les obus qui tombaient de tous les côtés.

Ces hommes sont grands dans leur vie, ils sont grands dans leur âme, ils veulent de noblés choses, ils ne jugent pas toujours comme il faudrait, mais ils donnent leur vie, on ne peut leur demander rien de plus. Faisons-leur des conditions de vie aussi bonnes qu'il nous est permis de le faire. *(Applaudissements.)*

Je connais M. le président du conseil et M. Painlevé. Je crois que mes paroles ne seraient pas prononcées en vain, s'il en pouvait résulter pour eux non seulement la conviction — ils l'avaient déjà — mais le désir de faire que l'autorité militaire, que je ne tiens pas pour indemne, comme on a voulu me le faire dire, s'approchât un peu plus de nos soldats. *(Très bien ! très bien ! et applaudissements.)*

Il y a certes une grande différence avec ce qui se passait au commencement de la guerre.

Il est des généraux, dit-on, qui sont dans des châteaux. J'en connais beaucoup qui sont dans les tranchées. *(Très bien !)* J'en connais beaucoup qui aiment leurs hommes et que leurs hommes aiment. *(Très bien ! très bien ! et applaudissements.)* J'en connais dont le cœur a saigné plus encore que celui de leurs soldats, dans les circonstances terribles que nous avons traversées. *(Très bien !)*

Seulement, nous avons le devoir, quand les généraux nous crient au secours, de ne pas ergoter pour savoir s'il y a dans les grèves des éléments révolutionnaires ou non, si l'on touchera ou non à la classe ouvrière, en poursuivant les malandrins que je viens de dénoncer tout à l'heure. *(Très bien ! très bien ! et vifs applaudissements sur un grand nombre de bancs.)*

Ce n'est pas de cela qu'il s'agit ; il s'agit de la France qui meurt, si nous ne faisons pas notre devoir. *(Nouveaux applaudissements.)*

Messieurs, je dis qu'il faut faire l'ordre à l'intérieur. Pour cela, il faut la loi : il n'y a pas de liberté sans loi et sans sanctions pour ceux qui transgressent le droit des autres. Le Gouvernement a pour mission de faire que les bons citoyens soient tranquilles, que les mauvais ne le soient pas. *(Très bien ! très bien !)* et que les hésitants, que ceux qui ne savent pas, trouvent un point d'appui dans la loi.

Eh bien ! les militaires se sont plaints. J'ai là le rapport de M. Bérenger. On vous a donné lecture du réquisitoire terrible du général Nivelle ; il a été suivi d'un réquisitoire analogue du général Pétain. Savez-vous ce que M. Malvy a répondu au général Nivelle ? Voici : « Mais tout ce que vous me dites-là je le connais ; c'est moi-même qui vous en ai informé ».

Quant aux promesses de sanctions, dé. poursuites : rien ! Il a même essayé, dans la réponse que j'ai là, de se décharger sur un de ses collègues du soin de maintenir l'ordre dans des endroits déterminés, et ça été tout !

Un sénateur à gauche. — Ce n'est pas assez.

La Sûreté générale contre le Grand Quartier

M. Clemenceau. — Non. La sûreté générale s'est mise en bataille contre le grand quartier général, auquel. elle avait l'habitude d'envoyer tous les mois un rapport. Depuis ces événements, on a mis le grand quartier général au pain sec, il n'a plus d'informations. (*Rires.*) Il y avait pourtant un intérêt à lé renseigner puisque toutes les répercussions de ces mouvements devaient aboutir au front, où elles ont produit les résultats que vous savez.

Si vous connaissez ces faits, monsieur le ministre de la guerre — et vous ne pouvez pas ne pas les connaître — comment les tolérez-vous ?

Une Circulaire

Comment, surtout, avez-vous accepté cette circulaire de M. Malvy que je vais vous lire, que vous ne connaissez peut-être pas. Au moins cette séance aura l'avantage de vous l'avoir révélée. (*Rires.*)

« République française », — cela s'appelle ainsi (*Nouveaux rires.*) — « Le ministre de l'intérieur à MM. les préfets »...

Sur divers bancs. — A quelle date ?

M. Clemenceau. — 5 juillet 1917. (*Mouvement d'attention.*)

C'est une circulaire de M. le chef de la sûreté générale. Elle est assez embrouillée : il a dû prendre des leçons dans les *Provinciales*. (*Rires.*)

M. Henry Bérenger. — C'est le nouveau ?

M. Clemenceau. — C'est le nouveau, oui ; le Raspoutine de la maison. (*Exclamations et rires.*)

Cette circulaire a pour but d'empêcher le quartier général de recevoir aucune information sur la propagande antipatriotique. (*Exclamations sur divers bancs. — Lisez ! lisez !*)

Vous ne connaissez pas cette circulaire ?... (*M. le ministre de la guerre fait un signe de dénégation.*) Quel drôle de gouvernement ! (*Rires.*)

Ces instructions ont un autre objet — celui d'empêcher les commissaires de police d'adresser aucun rapport sur la propagande pacifiste aux généraux de région. Voilà le but : on ne le dit pas, mais l'idée y est. Vous comprenez que lorsque le général de région est avisé que des faits regrettables se produisent, il agit et avertit le grand quartier général de prendre des dispositions immédiates. Dans le système qu'on essaye d'introduire — et qui ne peut être maintenu, car, s'il l'était, nous renverserions le Gouvernement — (*Applaudissements*) on empêche les généraux commadants de région d'être avertis, puisque le G. Q. G. et les généraux de région ne recevront pas de nouvelles de la propagande antipatriotique. Pour eux, il n'y en aura pas.

Je lis les deux passages intéressants :

« Les instructions (§ 3) ont un autre objet : supprimer, sauf les exceptions prévues ci-après, l'envoi direct de leurs rapports par les agents de police et de sûreté, donner à l'administration préfectorale, sous sa responsabillité et sous réserve d'en aviser l'administration centrale, la faculté de transmettre ces rapports à l'autorité militaire ou maritime de région la plus qualifiée et de lui faire toutes communications qu'elle croira utiles ; enfin, réserver au ministre de l'intérieur seul le soin de saisir ses collègues des autres ministères des rapports et communications dont il s'agit. »

Nous arrivons aux commissaires de police.

« La même recommandation sera faite par vos soins aux commissaires spéciaux de police, pour la zone de l'intérieur. Pour ceux-ci, j'ai indiqué, dans ma circulaire précitée du 19 juin dernier, qu'ils ne pourraient plus désormais correspondre directement avec les autorités militaires des régions, sauf dans le cas où leur concours aurait été directement demandé... — il ne manquerait plus que cela — ...par ces autorités ou si les renseignements recueillis par eux sont exclusivement d'ordre militaire. Il va de soi que, dans ce cas, rentrent les affaires de contre-espionnage, la surveillance des étrangers et celle des usines. »

De la propagande pacifiste, pas un mot, c'est la suppression de tous rapports entre les commissaires généraux et les généraux de région sur la propagande pacifiste.

Interrogé sur ce point, quelqu'un d'important du ministère de l'intérieur a répondu : « Désormais, c'est moi qui signalerai directement au G. Q. G. les faits particuliers qui seront de nature à l'intéresser ».

La vérité, c'est que le G. Q. G. et les généraux de région doivent connaître la propagande pacifiste. Je ne vois pas quel intérêt a le ministère de l'intérieur — ou plutôt je crains de le voir — à supprimer la connaissance directe des événements à l'autorité qui a pour mission de les réprimer dans le plus bref délai possible.

Je vais vous montrer la nécessité de cette rapidité d'opération.

Le cas du déserteur Cochon

Le 17 juillet 1917, le préfet de police écrivait à M. Malvy pour lui dire qu'il avait trouvé l'adresse du déserteur syndicaliste antipatriote Cochon, défendu par M. Almereyda dans le *Bonnet Rouge*. Il demandait des instructions au sujet de l'arrestation.

Trois jours après, le préfet de police écrivait à M. Malvy que les instructions n'étaient pas arrivées à temps et que Cochon s'était sauvé...

M. le ministre. — Sur l'heure, j'ai donné au préfet de police l'ordre d'accomplir son devoir, c'est-à-dire d'arrêter un déserteur.

M. Clemenceau. — Vous ne l'avez pas donné à temps.

M. le ministre. — Je lui ai donné cet ordre sur-le-champ.

M. Clemenceau. — Pas à temps puisque l'homme de qui je tiens le renseignement a vu les deux lettres dont je fais mention ici.

M. le ministre. — Ah non !

M. Clemenceau. — M. Cochon a été averti, il n'y a aucun doute.

M. Cochon est l'ignoble syndicaliste, antipropriétaire, antipatriote que vous connaissez. (*Très bien !*)

M. Guilloteaux. — C'est un être méprisable.

M. Clemenceau. — Il a été averti. On peut toujours le nier. (*Mouvements divers.*)

M. le ministre. — Je vous donne ma parole d'honneur.

M. Clemenceau. — Comment acceptez-vous que dans un pays en guerre depuis trois ans, dans un pays envahi, il faille demander des instructions au ministre de l'intérieur pour arrêter un déserteur ! (*Vifs applaudissements.*) Expliquez-moi cela : vous avez la parole.

M. le ministre. — Mais, monsieur Clemenceau, j'ai été en effet avisé par le préfet de police que l'on croyait avoir découvert la demeure de Cochon.

M. Henry Bérenger. — Qui l'a embusqué au 29' territorial ?

M. Paul Doumer. — D'abord !

M. Jeanneney. — De ce tapissier on avait fait un métallurgiste !

M. le ministre. — M. le préfet de police m'ayant fait savoir que l'on croyait avoir trouvé la demeure de Cochon, je lui ai donné immédiatement l'ordre de l'arrêter.

M. Clemenceau. — Vous ne répondez pas à ma question. Je vous demande comment vous expliquez que dans un pays en guerre depuis trois ans, dans un pays envahi, il soit nécessaire de demander l'autorisation au ministre de l'intérieur pour arrêter un déserteur ! (*Vifs applaudissements.*)

Je ne peux pas l'expliquer ! Et alors je conclus...

Plusieurs sénateurs — Répondez.

M. Clemenceau. — La question n'a pas reçu de réponse ! *(Interruptions.)*

M. Hervey. — Cela peut se reproduire demain !

M. Clemenceau. — Si cela peut se reproduire ! Je connais un permissionnaire qu'un agent de désertion a abordé à la gare du Nord en lui promettant de lui procurer une place sur-le-champ. Il l'a emmené dans une usine où, en costume militaire, sans qu'on lui ait demandé de papiers, il s'est mis tranquillement à faire des obus. C'est dans un voyage sur le front que j'appris cela ! Tout le monde savait où était ce déserteur et personne ne le cherchait.

Mais il faut en finir et je passe. Je ne peux pas cependant ne pas dire un mot de la façon dont sont surveillés les étrangers.

Tout se tient, en effet : la question de l'antipatriotisme, celle de l'espionnage, celle enfin des sursis d'appel, dont on est assez généreux au ministère de l'intérieur.

Parmi les gens qui publient ces articles contre moi pour défendre M. Malvy, il y a un beau monsieur, en sursis d'appel, d'ailleurs un très bon patriote — sur le carnet B on trouve aussi des patriotes, et c'est un habitant du carnet B — il a obtenu un sursis d'appel et, comme c'est un cœur chaud et reconnaissant, il s'en sert pour défendre M. Malvy en m'attaquant.

Il me semble que, soit dit en passant, la place d'un bon patriote, quand il a l'âge voulu pour cela, est sur le front, plutôt qu'à l'arrière, à faire du journalisme ministériel. (*Rires.*)

Les Étrangers

M. Malvy a son carnet B très large pour les étrangers. Il est très libéral à cet égard, trop même. Un de mes amis, le docteur Baratoux, spécialiste de Paris, très connu, très estimé, très distingué, se promenait à Dinard, le 20 septembre 1914, huit semaines après la déclaration de guerre. Il voit une automobile arrêtée, une foule en émoi ; il entend les cris : « A bas les Allemands ! A bas les Boches ! » Il s'approche, et comme les automobilistes s'apprêtent à fuir, on menace de crever un pneu. Il voit dès lors descendre de la voiture deux hommes, deux Allemands, M. Polack et M. Braun, qui voyageaient avec un permis du ministère de l'intérieur.

Un peu ému, il rencontre un membre de la municipalité auquel il parle de ce fait. On lui répond que le maire vient de faire appel à la population pour l'engager à respecter les étrangers et à ne pas les troubler.

Ce maire ne fait pas de distinction entre les étrangers, en quoi il a grand tort.

Il en fait si peu que le docteur Baratoux, outré, placarda aux vitres de sa maison l'affiche où le maire invitait les habitants à se montrer gracieux envers les étrangers, et, à côté, un petit article d'un journal de Paris, racontant qu'à Munich, pour 10 pfennigs, on montrait les prisonniers français dans un jardin public.

Il n'y ajoute rien, il colle ces deux papiers l'un à côté de l'autre et s'en va.

Le lendemain, le maire, furieux, proteste ainsi dans le journal *la Guerre,* publié sous le contrôle de la municipalité de Dinard :

« Je dédie ces lignes aux quelques brutes anonymes qui, par lettres ou par affiches, ont reproché au maire de Dinard comme un manque de patriotisme d'avoir fait son possible pour empêcher un certain nombre d'agités de molester les quelques Allemands et Autrichiens restés à Dinard après la mobilisation. » (*Exclamations.*)

M. Guilloteaux. — Il fallait le révoquer !

M. Barbier. — L'a-t-il été ?

M. Clemenceau. — Ce n'est là qu'un incident, vous voyez le tableau d'ensemble, l'état de la France huit semaines après la déclaration de guerre.

Je ne sais pas quelle a été l'idée du ministre de l'intérieur ; il ne semble pas s'être préoccupé de leur expulsion, il leur a donné des cartes pour se promener en automobile à Dinard. Comment des Allemands et des Autrichiens peuvent-ils ainsi obtenir l'autorisation de rester ? Qui est responsable ?

Trois cas de permis de séjour et j'en aurai fini.

L'Affaire Fridiger

« Affaire Fridiger. M. Henri Fridiger, Autrichien, âgé de vingt-huit ans, alors à la Haye, a demandé, en décembre 1914, à venir à Paris. Il se déclarait Polonais. Il disait avoir habité 10, rue Lafayette, à Paris.

« Un refus lui a été opposé le 25 décembre par les affaires étrangères... »

Dans toutes ces affaires, vous trouverez le Quai d'Orsay et le ministère de l'intérieur toujours en conflit. Il y a une grande unité dans l'administration de M. Malvy ! Pour ce qui est de ménager les antipatriotes, de les garantir contre l'application des lois, et pour sa générosité et sa complaisance envers les

Allemands et les Autrichiens, je crois qu'il n'aura pas de longtemps son pareil ! (*Sourires.*)

« ...1er mars 1915. Il était signalé de Berne comme ayant résidé à Lausanne depuis quelques mois... » — Tout ceci est extrait du dossier des affaires étrangères ; aucun doute ne peut donc être élevé sur les faits que je signale.

« ...Il s'y était vanté de pouvoir revenir à Paris quand il le voudrait et, de fait, il venait d'y revenir et de s'y installer avec sa famille ! Ses sentiments germanophiles étaient connus. Le ministère de l'intérieur aussitôt prévenu (2 mars) découvrit, en juin, Fridiger, 103, rue Lafayette, à Paris. Les affaires étrangères réclamèrent son internement ou son expulsion (1er juillet.) Le 24 juillet 1915 le ministère de l'intérieur annonça aux affaires étrangères que Fridiger et sa famille allaient être conduits en Suisse. La mesure ne fut pas exécutée. »

Si c'est comme cela que vous nous protégez contre les étrangers ?

« ... Les affaires étrangères constatant que rien n'avait été fait, saisirent la guerre, le 27 août 1916 (état-major, 7e bureau) ; les bureaux de la guerre renvoient l'affaire à l'intérieur, qui écrivit, le 14 octobre 1916, aux affaires étrangères, que le dossier Fridiger était en instance devant la commission des étrangers, qui devait statuer, dans sa prochaine séance, sur la requête tendant à l'obtention du permis de séjour définitif ».

En résumé, en décembre 1914, Fridiger veut rentrer à Paris, les affaires étrangères refusent. En mars, il y rentre cependant ; on ne le retrouve qu'en juin 1915, et, depuis, il est resté à Paris.

M. Guilloteaux. — C'est de la trahison !

M. le ministre de l'intérieur. — Vous auriez pu cependant, monsieur Clemenceau...

M. Clemenceau. — Laissez-moi terminer ; soyez indulgent pour moi ; bien que je n'en aie pas l'apparence, j'ai été indulgent pour vous. (*Sourires.*)

L'Affaire Kovacs

Affaire Kovacs :
Cette affaire a donné lieu ici à une interpellation de notre honorable collègue, M. Jénouvrier. Elle n'a pas

abouti parce que M. Jénouvrier n'avait pas les documents que je possède.

M. Malvy déclare : « Au mois de septembre 1915, je recevais de Mlle Kovacs une demande de permis de séjour ; les services de la sûreté générale lui accordèrent, à la date du 15 octobre, un permis de séjour jusqu'à production et vérification des pièces. »

M. Malvy ne dit pas que Mlle Kovacs était dans un camp de concentration quand elle s'est adressée directement à lui.

Quel régime que celui des camps de concentration ! Il suffit d'écrire directement au ministre de l'intérieur pour en être immédiatement extrait. Reconnaissez que ce sont là des prisons merveilleusement mal tenues !

M. Malvy ne dit pas non plus qu'avant même que le permis de séjour fût accordé, il écrivait au préfet de police pour l'informer qu'il autorisait Mlle Kovacs à rentrer à Paris.

Je lirai les deux lettres tout à l'heure.

M. Malvy déclare qu'il est parfaitement exact qu'à cette date le gouvernement militaire de Paris faisait connaître au préfet de police que la présence de cette personne était une cause de trouble et que sa moralité était douteuse.

Elle était une sorte de dame de compagnie d'une Sud-Américaine ultra-millionnaire.

« Après m'être assuré que sa présence à Paris n'avait soulevé aucun trouble, j'invitai M. le préfet de police à répondre au gouvernement militaire de Paris qu'il avait reçu de moi l'ordre d'accorder momentanément un permis de séjour. »

M. Malvy avoue avoir délivré un permis de séjour momentané, mais il ne dit pas avoir délivré un permis de séjour définitif.

C'est pourtant ce qui résulte de la lettre du préfet de police, du 4 novembre 1915, au gouverneur militaire de Paris :

« J'ai reçu du ministère de l'intérieur l'ordre formel de donner à Mlle Kovacs un permis de séjour définitif. »

M. Malvy déclare :

« A cette époque, je nommai une commission spéciale chargée de la vérification et de la revision des permis de séjour. Elle fut saisie tout de suite du cas de Mlle Kovacs. Après examen du dossier, elle estima que cette étrangère ne se trouvait pas dans les conditions requises pour l'obtention d'un permis de séjour. Dès cet avis exprimé, je priai le lendemain même M. le préfet de police de faire reconduire cette personne à la frontière espagnole. »

Mais M. Malvy n'explique pas pourquoi, par faveur spéciale, il a fait conduire Mlle Kovacs en Espagne, au lieu de la faire retourner dans son camp de concentration.

En résumé, dès le 14 octobre 1914, par lettre du général Galliéni au préfet de police, l'attention de M. Malvy avait été attirée sur le danger de la présence à Paris de Mlle Kovacs. Il a pourtant fallu plus de quatre mois pour la faire sortir de France.

L'Affaire Margulies

J'arrive enfin à la dernière affaire, la plus grave de toutes : l'affaire Margulies.

J'ai écrit à M. Malvy pour m'informer de ce qu'il avait à dire au sujet de cette affaire et j'ai obtenu des affaires étrangères d'examiner le dossier, ce qui m'a permis de réduire à néant les affirmations de M. Malvy : « ... Dès que je fus saisi, dit M. Malvy, par mon collègue des affaires étrangères, le 29 avril dernier, j'ai donné des instructions au préfet de police pour que M. Margulies, dont la présence m'avait été signalée à Paris, fût mis en demeure de justifier sans retard de sa nationalité... »

Or, il est inexact de dire que M. Malvy n'a été saisi que le 29 avril 1917. A force d'expurger les dossiers d'autrui, vous expurgez les vôtres et vous n'êtes pas renseigné vous-même.

Le 12 juillet 1915, les affaires étrangères invitent l'intérieur à mettre en surveillance Margulies. C'est, là encore, un millionnaire qui mène grand train dans Paris et ailleurs. Il est aujourd'hui aux eaux de Vichy. Si vous voulez aller au Majestic hôtel, vous pourrez faire sa connaissance ; il n'en sera pas fâché parce qu'il est très ami de tout le monde, notamment des préfets. C'était l'ami particulier du préfet, M. de Joly, qui a été destitué. Pour vous montrer que les sentiments de M. Margulies à l'égard des bâtiments préfectoraux ne changent pas, je vous dirai que le nouveau préfet, M. Armand Bernard, s'étant rendu à Nice pour examiner les locaux avant de s'y installer, a trouvé sur sa table la carte de Margulies, qui l'invitait à venir prendre le thé avec lui et le général X...

Margulies a donc de belles connaissances !

Il a donné 400.000 francs au préfet pour ses bonnes œuvres ; je n'ai pas besoin de dire que cela n'a pas mal disposé le préfet, pas plus que son commissaire de police, M. Orsatti. Je vous montrerai à ce propos le résultat des perquisitions. Une perquisition a été ordonnée au bout de deux ans ; elle eut lieu avec l'autorisation de M. Margulies ; on lui demanda s'il n'avait pas quelque papier qui serait de nature à caractériser sa nationalité. On n'a rien trouvé, ce n'est pas très étonnant !

M. Margulies est un homme qui se fait des dossiers. — Il se dit Belge, mais il est Belge comme vous et moi. — Il donne comme argument qu'il a fait son service militaire en Belgique. C'est un mensonge.

La vérité, c'est qu'il a appartenu à la garde civique. Or, ce fut toute une affaire d'apprendre à M. Malvy qu'on n'est pas Belge parce qu'on a fait son service militaire dans la garde civique, puisqu'aux termes de la loi belge tous les résidants étrangers en Belgique sont astreints à ce service.

Bien plus, vous verrez plus tard M. Malvy sortir un beau certificat d'un consul autrichien, qui déclare, dans toutes les formes, que Margulies est Autrichien. Il n'y a pas de doute à cet égard, mais Margulies est toujours en France.

Ce grand ami de M. de Joly avait l'habitude de résider à Nice, à Thonon, à Évian, et, en automobile, il fait volontiers le voyage de Lausanne. Je ne voudrais pas, quant à moi, m'absenter de France pour quoi que ce soit en ce moment ; mais si un Français a besoin d'aller une ou deux fois en Suisse, à la rigueur, cela se comprend. M. Margulies a besoin, lui, d'y aller tout le temps. Il y a mieux. Quand il y va, il est suivi par la police, mais la police le lâche à la frontière. (*Rires.*)

M. Margulies se fait donc des dossiers. Il a, pour montrer qu'il est Belge, une lettre du secrétaire du roi des Belges, lui disant : « Sa Majesté me charge de vous remercier des 3.000 francs que vous lui avez fait parvenir.

Il est Belge pour ces 3.000 francs, comme il est Français pour les 400.000 francs remis à M. de Joly ! Nous n'avons pas besoin de cet argent-là, nous soutiendrons nos blessés, nos femmes et nos enfants avec l'argent français. .(*Vifs applaudissements.*)

- Le 25 mai 1915, survient l'incident de la lettre de M. Davignon. Margulies avait rencontré à Evian M. Davignon, ancien ministre des affaires étrangères de Belgique, vieillard fort respectable, mais malade, bien aise de trouver un supposé compatriote — Margulies s'était présenté à lui comme Belge — pour faire la conversation sur la promenade. De là à obtenir de M. Davignon une recommandation pour avoir un passe-port belge, il n'y avait qu'un pas. C'est ce qu'il a fait. Seulement, ce qu'il ne pouvait pas deviner, c'est que le 14 juillet, la sûreté belge le dénonçait à la police française en disant : « C'est un homme suspect, c'est un espion. »

Ainsi la lettre qu'il exhibe, signée de M. Davignon, ne prouve rien, puisqu'elle est antérieure ; au reste, le passeport belge pour la Suisse est inutile, il ne sert de rien quand on vient de France : il faut un passeport français.

Margulies est allé le prendre à Thonon, où il n'habitait pas. C'est le sous-préfet qui le lui a donné. Il est établi, d'après les affaires étrangères, que le sous-préfet n'avait pas, aux termes des conventions internationales, le droit de donner des passeports à des Belges ou à des Anglais. N'importe ! Margulies obtient ce passeport et le voilà parti pour la Suisse, où il va faire des choses que la police française ne veut pas savoir !

Voici le texte du certificat autrichien qui confirme la nationalité de Margulies :

« En vertu d'un document du commissaire impérial et royal d'Autriche-Hongrie auprès du gouvernement général de l'empire d'Allemagne en Belgique, etc., le nommé Berthold Moritz Margulies, né en 1870, ressortissant de Brody, est citoyen autrichien. D'après le paragraphe 28 du code civil autrichien, les enfants d'un citoyen autrichien ont qualité de citoyens de cet Etat, de par leur naissance, sans qu'il soit tenu compte du lieu de naissance. Par la naturalisation en pays étranger, la nationalité d'Autrichien ne se perd pas aussi longtemps que la personne n'a pas été formellement déliée de la qualité d'Autrichien. »

Ainsi. même s'il s'est fait naturaliser en Belgique, il y a toujours cette pièce. Et quand on a cette pièce, qu'est-ce qu'on attend ? Pourquoi aujourd'hui M. Margulies est-il à Vichy, au Majestic? Qui peut nous l'expliquer ? C'est un homme qui mène grand train ; il sème l'argent de tous les côtés, soit ; mais nos concitoyens n'ont pas besoin de s'enrichir de cette façon, et personne ne le demande à M. le ministre de l'intérieur.

L'intérieur retourna ce certificat aux affaires étrangères, qui le lui avait envoyé, parce que, vous pensez bien qu'il n'aurait jamais trouvé cela et il pria alors les affaires étrangères de demander au gouvernement belge s'il est vrai ou faux que cet homme soit Belge.

Ce n'est pas le gouvernement belge, que je sache, qui a la charge de faire la police du territoire français et d'entreprendre des recherches pour savoir si un homme est Belge ou demi-Belge.

Voilà un homme qui jette l'argent à pleines mains, qui fait des voyages en Suisse, qu'on laisse en France. Cet état de chose n'est pas tolérable. Il vous a été dénoncé, non seulement par les affaires étrangères, mais par le gouvernement belge. Il est très riche, il fréquente le préfet de Nice. Le général, voyant cet homme aller chez le préfet, n'a aucune raison pour le suspecter, et il l'accueille. Vous avez laissé cet homme voyager en France et en Suisse. Vous avez manqué à tous vos devoirs.

Messieurs, j'ai trop abusé de votre patience. (*Non! non !*)

M. Painlevé nous demande en termes éloquents de souffrir, de souffrir autant qu'il sera nécessaire pour permettre à nos chers soldats de verser leur sang utilement et de nous donner la victoire. Eh bien, nous souffrirons, nous ferons tout ce qu'on voudra.

Il faut que cela cesse

S'il y avait un Gouvernement qui fût vraiment dans le collier de l'action, vous me demanderiez de renoncer au contrôle parlementaire pendant un temps plus ou moins long, que je le ferais, si j'étais sûr d'être ainsi utile à la patrie. S'il le fallait même, s'il était possible d'oublier deux ans, je voudrais pouvoir dire à M. Malvy : J'oublie tout. Mais M. Malvy résistera, il voudra nous prouver que ce qu'il a fait a été fait pour le mieux.

Je suis prêt à voter la confiance, je l'ai dit, mais je ne puis aller jusqu'à étendre cette confiance au ministre de l'intérieur, non à cause de considérations spéciales pour sa personne, mais à cause d'une expérience de deux ans dans laquelle il s'est montré — mettons tout au mieux — trop insuffisant au point de vue de la surveillance des étrangers, de la tolérance des entreprises d'une bande d'antipatriotes qui ont mis la France en danger, qui ont fait plus que d'écrire, qui ont agi, qui ont profité du désarroi causé par les événements auxquels M. le ministre de la guerre a refusé d'attacher l'importance qu'ils méritaient, et qui, avec un flair merveilleux, ont mis à profit un mouvement de vacilliation chez les hommes et ont porté tout leur effort de ce côté.

Ce qui est arrivé, vous le savez. Je suis monté à la tribune, ce sera mon dernier mot, pour faire que cela ne puisse pas recommencer. (*Vifs applaudissements. — L'orateur, de retour à son banc, reçoit les félicitations de ses collègues.*)